Johannes Friebel

Der Handelshafen Odessa

Johannes Friebel

Der Handelshafen Odessa

ISBN/EAN: 9783954273379

Erscheinungsjahr: 2013

Erscheinungsort: Bremen, Deutschland

www.maritimepress.de | office@maritimepress.de

Osteuropa-Institut in Breslau

DER HANDELSHAFEN ODESSA

VON

DR. RER. POL. ET PHIL. OTTO FRIEBEL

MIT 14 TAFELN

Verlag von B. G. Teubner in Leipzig und Berlin 1921

Vorwort.

Vorliegende Arbeit ist zu einer Zeit entstanden, als die Heere der Mittelmächte bis zu den Küsten des Schwarzen Meeres siegreich vorgedrungen waren. Damals konnte man von einem neuen Landweg nach Indien träumen, der mit einer kurzen Seefahrt von Odessa über das Schwarze Meer nach Persien führen sollte. Das Schicksal hat alle diese Träume deutscher weltwirtschaftlicher Betätigung zerschlagen. Noch ist aber das letzte Wort hierin noch nicht gesprochen. Ein wieder erstarkendes Rußland wird stets versuchen müssen, sich nach dieser Richtung zu betätigen. In dem Maße, wie uns der Seehandel durch Vernichtung unserer Flotte unmöglich gemacht wird, sind wir an der Verwirklichung dieser Pläne interessiert, so utopisch sie auch bei der gegenwärtigen politischen und wirtschaftlichen Zerrissenheit Europas noch klingen mögen.

Dann wird Odessa eine neue Zeit der Blüte als Transitplatz zwischen Europa und Zentralasien erleben. Von diesem Gesichtspunkt aus möge die vorliegende Arbeit, die die Gründe des Niedergangs behandeln, das wohlwollende Interesse der Leser finden.

Berlin-Hamburg. Dr. Otto Friebel.

Inhaltsverzeichnis.

I. Allgemeines.

Die Lage.

Odessa liegt unter 46° 29′ nördl. Br. und 30° 44′ östl. L. in dem gleichnamigen, tief nach Norden einschneidenden Golf an der Südwestseite einer halbmondförmigen, weit gegen Osten sich öffnenden Bai von $7\frac{1}{2}$ km Breite und 4 km Tiefe. Hier tritt die pontische Steppenplatte in steilem Abfall an das Meer heran, während sie sich allmählich zum Dnjestr- und Dnjepr-Liman senkt. Odessa liegt nicht an der Mündung eines Flusses, sondern ist von der Dnjestrmündung etwa 32 km, von der Dnjeprmündung etwas weiter entfernt. Es konnte somit als gemeinsamer Hafen des Dnjepr, Dnjestr und des dazwischen liegenden Bug betrachtet werden, solange die Mündungshäfen dieser Flüsse keinen selbständigen Verkehr mit dem Auslande unterhalten konnten.

Geschichte.

An einem Binnenmeer gelegen, das als unruhig und stürmisch in ganz Europa bekannt ist, nur durch eine enge und schmale Durchfahrt mit dem Mittelmeer verbunden, nach fast hundertjährigem Kampfe von Rußland den Türken abgerungen, am Rande einer menschenleeren Steppe 1794 gegründet, schien Odessa das Schicksal bestimmt zu sein, mit dem Aufhören der kaiserlichen Gunst wieder in das Nichts zurückzusinken, aus dem es so schnell emporgestiegen war. Während aber Cherson und Nikolajew, die Mündungshäfen des Dnjepr und Bug, wo man einige Jahre vorher Häfen anzulegen versucht hatte, trotz ihrer scheinbar so günstigen Lage bald wegen der Schwierigkeit, über die die Mündung versperrenden Barren zu ihnen zu gelangen, bedeutungslos wurden, errang Odessa infolge seines leichten Zugangs, obwohl ein Fluß als Zufahrtstraße fehlte, eine große Bedeutung in dem damals noch unentwickelten Handel Rußlands. Als Ausfuhrhafen für die kurz vorher gewonnenen polnischen Provinzen Podolien und Wolhynien gegründet, mit denen es durch eine Art von Landstraßensystem verbunden war (die Wege treffen sich von Westen und Süden in dem Winkel der Bucht von Odessa), wurde es, nachdem das Schwarze Meer 1801 allen Flaggen geöffnet war, häufig aufgesucht und errang nach den napoleonischen Kriegen durch die Fruchtbarkeit der dorthin liefernden Provinzen eine hervorragende Bedeutung für die Versorgung des durch so viele Kriegsjahre ausgehungerten Europas. Cherson und Nikolajew wurden zu Zufuhrhäfen Odessas degradiert. Nach einigen Jahren kam zu Getreide auch die Woll- und Talgausfuhr hinzu, für die die von zahllosen Herden bevölkerten Ebenen des Dnjepr das Material lieferten.

Nach etwa 20 Jahren zum Freihafen erhoben, durch Privilegien als Durchgangsstation für den Handelsverkehr Westeuropas und Westasiens bestimmt, erfreute es sich, während im übrigen Rußland das Zollsystem immer strenger wurde, einer verhältnismäßigen Freiheit. Nach 50 Jahren war es der zweite Hafen Rußlands und wurde im Gesamtverkehr nur noch von Petersburg übertroffen. Durch die Eisenbahn wurde sein Ausfuhrbezirk vergrößert, vor allem nach dem Russisch-Türkischen Kriege, so daß es (1887) wie in den ersten Jahren seines Bestehens, aber mit bedeutend größeren Ausfuhrmengen der erste Getreideausfuhrhafen Rußlands wurde. Nach hundertjährigem Bestehen war Odessa der erste Hafen Rußlands. Seine weitere Entwicklung soll im folgenden näher betrachtet werden.

Der Hafen.

Der Hafen umfaßt 139 ha Wasserfläche bei 6230 m Kailänge, wovon 5630 m benutzbar sind. Gegen die sehr gefährlichen Südost- und Ostwinde, die im Golf von Odessa häufig Widerseen erzeugen, ist er durch die Quarantäne- und Reedenmole, nach Nordosten durch den der Küste parallelen 1300 m langen Wellenbrecher geschützt. Außerhalb des eigentlichen Hafens liegt $2^1/_2$ km nördlich der Petroleumhafen. Schiffe bis $8^1/_2$ m Tiefgang können den Odessaer Hafen benutzen.

Der Innenreede-Vorhafen ist bei 62 ha Fläche 300—320 m breit und für Schiffe bestimmt, die auf Erteilung der Praktika und den Liegeplatz im Hafen warten. Er ist vollständig gegen Wind und Seegang geschützt. Seine Wassertiefe beträgt 4,8—10,5 m. In der westlichen Einfahrt ist seine Tiefe etwa 6 m (nach neueren Angaben nur 5,3 m), in der östlichen, etwa 300 m breiten Einfahrt 9,5—10,5 m. Auf der Innenseite sind Pollen eingemauert, an denen die Schiffe festmachen können. Als Hafenfeuer dient grünes Festfeuer auf dem Ostende, weißes auf dem Westende.

Der Quarantänehafen, im Südosten gelegen, ist die älteste Anlage. Er besitzt bei 23 ha Fläche 2090 m Kailänge. Er wird begrenzt vom Quarantänehafendamm im Südosten, von der Platonowskimole im Norden. Die Verbindung beider ist der Materialwarenkai. Der Quarantänehafendamm ist bei 65 m mittlerer Breite 1025 m lang mit $8^1/_2$—9 m Wassertiefe längsseits. Etwa 300 m sind so eingerichtet, daß Getreide in Röhren aus den Eisenbahnen in die Schiffe befördert werden kann. Seine Verlängerung ist die Reedenmole, die 650 m lang und 10 m breit ist und an ihrem Kopf den Woronzow-Leuchtturm trägt. Der Materialwarenkai ist 750 m lang und mit Einrichtungen versehen, durch die Getreide aus der Estakadebahn in die Schiffe befördert werden kann. Die Wassertiefe ist $8^1/_2$ m. Die Platonowskimole ist 340 m lang, 40 m breit bei $8^1/_2$ m Wassertiefe. Die Einfahrt zwischen Platonowski- und Quarantänemole ist 190 m breit und 8,6 m tief. Die Seezeichen sind je ein weißes Festfeuer auf dem Kopf der Quarantäne- und Platonowskimole.

Der Quarantänehafen ist der eigentliche Getreidehafen und dient zusammen mit dem Neuen Hafen dem ausländischen Verkehr.

Der Neue Hafen schließt sich an den Quarantänehafen an und wird an der Nordwestseite von der Neuen Mole begrenzt. Er hat 18 ha Wasserfläche und 1025 m Kailänge. Die Neue Mole ist 340 m lang, 85 m breit und erstreckt sich rechtwinklig von der Küste nach Nordosten.

Der Neue Kai zwischen der Platonowski- und der Neuen Mole ist 370 m lang, meist für Kohlenschiffe bestimmt, da dort Schienengeleise für bewegliche Dampfkräne vorhanden sind. Am Kopf der Neuen Mole befindet sich die Petroleumpumpstelle der Russischen Gesellschaft für Dampfschiffahrt und Handel (RGDH). Die Wassertiefe ist durchschnittlich 7,9 m, an einer Stelle am Außenrande der Platonowskimole 9 m. Auf dem Hafengebiet hinter der Uferstraße befinden sich Packhäuser, dahinter Kohlenlager und Dampfkräne à 60 Pud zum Kohlenladen in die Wagen der Südwestbahnen. Der Neue Hafen wird besonders von den Dampfern der Freiwilligen Flotte benutzt.

Zwischen der Neuen und der Militärmole liegt der Küstenhafen. Die Kailänge beträgt 1040 m bei $13^1/_2$ ha Wasserfläche und 6,4 m Tiefe. Die Militärmole ist 405 m lang, 65—85 m breit. Dieser Hafen ist für russische Schiffe, die allein den Küstenverkehr besorgen dürfen, bestimmt.

Der Praktische Hafen liegt zwischen Militär-, Andrussow-Potanowskimole und dem Melonenkai. Die Andrussowmole (nach.

Nordosten) ist 360 m lang und 50—85 m breit, vom Kopf dieses Dammes läuft die 280 m lange und 30 m breite Potanowskimole ost-südostwärts. Die Einfahrt zwischen Potanowski- und Militärmole ist nur 75 m breit und 5,2 m tief, während die Wassertiefe im Hafen 4,9 m und im nordöstlichen Teil an der Militärmole 5,8 m beträgt. Der Melonenkai ist 385 m lang und für Salzschiffe aus Eupatoria bestimmt. Der Praktische Hafen verfügt über 17 ha Wasserfläche und 1590 m Kai. Er ist für Passagierdampfer des inneren Verkehrs und Küstenschiffahrt bestimmt. Er kann etwa 400 (kleinere) Schiffe aufnehmen.

Der Kronshafen liegt hinter dem Praktischen Hafen. Mit 180 m Kailänge und 3—4,3 m Tiefe ist er für Regierungsfahrzeuge bestimmt.

Der Petroleumhafen liegt außerhalb des Hafengebietes gegenüber dem Peressyp, durch eine 95—40 m breite Mole begrenzt, die rechtwinklig zur Küste 850 m lang ostsüdostwärts läuft, dann rechtwinklig umbiegt und 225 m südwestlich (dann nur 20 m breit) verläuft. Die Wassertiefe im äußeren Teil beträgt 7,3 m. Dieser Hafenteil ist erst von 1894—1900 angelegt.

Alle Häfen sind elektrisch beleuchtet, so daß das Aus- und Einladen auch zur Nacht erfolgen kann. Das Hafengebiet ist durch eine Zweigbahn, die bei 9,5 km Gesamtlänge 3½ km als Estakadebahn läuft, mit den Hauptbahnhöfen verbunden. Alle Häfen sind mit Gleisanschluß versehen. Das Getreide kann durch Röhrenleitungen und Transportbänder direkt in die Dampfer entladen werden. Durch eine Petroleumleitung der RGDH kann das Naphtha direkt aus den Dampfern in die Eisenbahntanks entladen werden. Ferner sind zum Kohlenlöschen und Laden 6 bewegliche Dampfkräne (bis 2 t) der RGDH und der Südwestbahnen auf dem Materialwarenkai und der Neuen Mole vorhanden, außerdem ein schwimmender Dampfkran von 30 t der RGDH und von 25 t (dem Hafenbauamt gehörig). Die RGDH besitzt ein schwimmendes Dock von 107 m nutzbarer Länge, 15 m Breite und 5,5 m Tiefe über den Schwellen. Es kann Schiffe bis 4800 t aufnehmen und in zwei Docks zu 2740 und 2060 t zerlegt werden. Zwei Patenthellinge sind vorhanden, einer der RGDH gehörig, für Schiffe bis 700 t und 2,4 m Tiefgang, ein zweiter der Aktiengesellschaft Bellino Fenderich bis 1200 t bei 73 m Länge und 2,7 m Tiefe.

Alle Kais sind auf Beton aus hartem Kalkstein erbaut und mit Granit belegt.

Der größte Vorteil Odessas vor seinen Nachbarhäfen ist sein leichter Zugang, der den Gebrauch eines Lotsen überflüssig macht[1]), der gute Ankergrund des Hafens und die kurze Vereisungsperiode. Der Hafen ist etwa 16 Tage gefroren. Die Frostperiode kann durch den Gebrauch eines Wellenbrechers abgekürzt, der Hafen auch wie 1912/13 dauernd offen gehalten werden.[2])

Ein schwerer Mangel ist vor allem die ungenügende Kailänge. Sie beträgt für Odessa im ganzen 22200 Fuß, wovon aber nur ein Teil für den ausländischen Verkehr in Betracht kommt. Auch die Zahl der Anlegestellen[3]) entspricht nicht dem Bedarf. Nur 12—13 Dampfer können gleichzeitig laden, die übrigen müssen am Wellenbrecher auf Platz oft wochenlang[4]) warten.

Von 1882 bis 1896 wurde der Hafen von Odessa mit 9 Mill. R. Kosten umgebaut. Diese Hafenbauten mußten aber bald erweitert werden. Bereits 1904 mußten Pläne für einen neuen Umbau des Hafens ausgearbeitet werden, die wegen der ganz ungenügenden Raumverhältnisse bald ausgeführt werden sollten. Nach den Plänen von 1909 sollte am Peressyp ein 420 Fuß langer Getreidehafen mit 21 Anlegeplätzen geschaffen werden. Hohe und ebenerdige Eisenbahnen sollten zu Elevatoren und Warenhäusern führen. Zum Schutz des Hafens war ein besonderer Wellenbrecher geplant, mit dessen Bau 1913 begonnen wurde. Für den vorläufigen Hafen war bei Beginn des Krieges eine 245 m lange Schutzmole, senkrecht zum Ufer, vorhanden.

Damit sollte gleichzeitig ein zweiter Hauptmangel des Odessaer Hafens beseitigt werden. Gegenwärtig liegen die Lagerhäuser äußerst ungünstig, ca 6 km vom Hafen entfernt, im Westen an der Zastawa oder im Norden in der Vorstadt Peressyp[5]), von wo das

1) Schiffe, welche nach Nikolajew fahren, kommen in 4—5 engl. Meilen Entfernung am Odessaer Hafen vorbei und müssen dann 80 Meilen lang einen engen Kanal und Fluß durchfahren, was bei Eis und Nebel sehr schwierig ist. Segelschiffe konnten überhaupt nicht nach Cherson und Nikolajew hinauffahren.

2) Von 1895—1911 war die Schiffahrt nur in sechs Wintern vollständig geschlossen.

3) Daher wurde 1909 die Bestimmung getroffen, daß Schiffe, die nicht laden, binnen 48 Stunden, Sonn- und Feiertage abgerechnet, Platz machen.

4) In den ersten drei Monaten 1909 mußten 6000 t Dampfer 13 Tage im Hafen liegen, im April 20 Tage, im Mai 5 Tage, im Juni und Juli 12 Tage, im August bis September 30—50 Tage, im Oktober 14 Tage, im November 8 Tage.

5) Die dortliegenden, für etwa 500000 Tsch. genügenden Speicher, die für die Landzufuhren auf der Baltaer und Nikolajewer Strecke bestimmt waren, verloren nach Einrichtung der Estakadebahn praktisch jede Bedeutung, wurden

Getreide mit der Hafenbahn oder Fuhren nach dem Hafen befördert wird.[1]) Am Hafen findet sich kein Elevator außer schwimmenden, die aber den Anforderungen nicht genügen. Dies erhöht die Ladekosten[2]) bedeutend. Ankommende Güter liegen aus Mangel an Warenhäusern haufenweise am Kai, von wo sie auf Anordnung der Zollbehörde sofort entfernt werden müssen. Die Besorgung zu den Warenhäusern kostet oft mehr als die Fracht nach England. Nach den Entwürfen sollten die Ladeeinrichtungen[3]) so verbessert werden, daß sie in 10 Stunden 11500 t[4]) bewältigten. Dadurch sollten die gegenwärtigen Ladekosten (4,75 c) auf 1,75 c für mechanische Ladung und 3,45 c für Handladung ermäßigt werden. Während des Krieges sind diese Pläne nicht weiter gefördert worden.

Die Verkehrswege.

Gute Verkehrsverbindungen sind unerläßlich für das Gedeihen eines Hafens. Für das an Chausseen arme Rußland kommen Flüsse und in neuerer Zeit Eisenbahnen in Betracht. Daß trotz des Ausbaus der Eisenbahnen die Bedeutung der Flüsse keineswegs abnimmt, ergibt sich aus folgenden Vergleichen: 1875 betrug der Gesamtverkehr auf den Wasserstraßen Rußlands 765 Mill. Pud, auf den Eisenbahnen 959 Mill. Pud, 1905 entsprechend 2138 Mill. Pud und 4102 Mill., d. h. die Flüsse haben, da sie nur ½ Jahr dem Verkehre dienen, relativ dieselben Lasten befördert. Ähnliche

aber durch Errichtung einer Bahnstation um 1881 wieder in den Verkehr einbezogen, was die Bahnspesen in der Tiraspoler Zastawa sofort von 3½—4 Kop. pro Tsch. und Monat auf 2—2½ Kop. herabdrückte.

1) Ladekosten pro Pud in Kop.

	Petersburg	Odessa	Nikolajew	Theod.	Berdjansk	Mariupol	Taganrog	Rostow	Nowoross.
1882	3.8	3,71	3	—	—	—	6	4.5	—
1910	3.5	4,75	2,17	2,5	4	3	6,5	3.5	5.5

Für Nikolajew ist Handladung angegeben.

2) Die Kosten der Handarbeit sind in Odessa nach dem Streik 1906 um ca 100% gestiegen.

3) Gleichzeitig sollte das Getreide mechanisch gereinigt, gewogen und gelüftet werden.

4) Das Maximum der Getreideausfuhr betrug 1909 2,031 Mill. t, die in 6 Monaten verfrachtet werden mußten, was pro Tag 11000 t ergibt.

Schlüsse lassen sich aus folgenden Zahlenangaben ziehen. 1885 sind auf Wasserstraßen 153 Mill. Pud Getreide befördert worden. 1905: 366 Mill. Pud (= + 139%), auf den Eisenbahnen 1885: 405 Mill. Pud; 1905: 787 Mill. Pud (= + 94%), Holz auf Wasserstraßen 1885: 408 Mill. Pud, 1905: 955 Mill. (= + 135%), auf Eisenbahnen 1885: 241 Mill. Pud, 1905: 525 Mill. Pud = + 118%.

Dnjepr, Dnjestr und Bug.

Odessa konnte früher als gemeinsamer Ausfuhrhafen von Dnjepr, Dnjestr und Bug betrachtet werden. Von diesen drei Strömen ist der Dnjepr bei weitem der wichtigste, schon durch sein reichentwickeltes Nebenflußsystem. 9606 km seines Stromgebietes sind schiffbar. Als Zufahrtstraße nach dem Schwarzen Meer wird er stark durch die Stromschnellen zwischen Alexandrowsk und Jekaterinoslaw entwertet, die einen großen Teil der Güter nach Norden drängen. Zwischen Alexandrowsk und Cherson, wo 1913 mehr als 300 Dampfer und 1000 Segler verkehrten, ist das Flußbett reguliert. Weitere Arbeiten zwischen Jekaterinoslaw und Krementschug waren begonnen. Die durchschnittliche Navigationsperiode beträgt bei Cherson 273 Tage. Der Güterverkehr stieg von 1893 bis 1902 um 30%, 1903 entfielen 13% des gesamten Binnenschifffahrtsverkehrs auf diesen Fluß, 1904 trat er in der Verkehrsstatistik Rußlands von der dritten an die zweite Stelle. Die Wassertiefe des Dnjepr beträgt im Mittellaufe bis 10 m, sinkt aber stellenweise bis 0,5 m.

Der Dnjestr muß früher viel weiter schiffbar gewesen sein, da es im Mittelalter möglich war, die Stadt Halicz in Galizien zu Schiff zu erreichen. Im Laufe der Jahrhunderte ist er auf weite Strecken versumpft und spielt, zumal bei seinen zahllosen Windungen und seinem schwach entwickelten Nebenflußsystem, keine große Rolle. Auch ist der Verkehr durch Stromschnellen bei Jampol behindert. 1899/1900 wurden im Unterlauf des Dnjestr Baggerarbeiten von Bender bis zur Mündung (112 km lang) ausgeführt und der Strom auf 2 m Tiefe gebracht. 1909 erwiesen sich Regulierungsarbeiten auf derselben durch Felsen und Verschlammung behinderten Stromstrecke als nötig. Infolge der Verbesserung des Strombettes wurde Schleppverkehr stromaufwärts bis Jampol möglich. 1909 waren 7 Fracht- und Personendampfer für Linienfahrten auf dem Dnjestr nach Mohilew, Tiraspol, Bender, Akkerman und 10 Schlepper tätig. Personendampferverkehr besteht von Odessa nach Majak, Akkerman und Owidiopol. Die durchschnittliche Navigationsperiode beträgt 283—297 Tage. Der Dnjestr ist heute 800 km weit schiffbar.

1911 wurde der Weichsel-Dnjestr-Kanal begonnen, der 388 km lang von Krakau aus die Karpathen im Bogen umgehen und bei Zalesie in den Dnjestr münden soll. Man rechnet dabei auch auf eine Vergrößerung des Zufuhrbezirks Odessas. Es ist aber leicht möglich, daß die Güter großenteils den umgekehrten Weg nehmen und weichselabwärts nach der Ostsee gehen werden.

Der Bug ist nur auf den letzten 130 km ab Wosnessensk schiffbar. An der Vertiefung des Strombetts wird gearbeitet. Der Bugverkehr ist von 1893 bis 1902 um 67% gestiegen.

Die Bedeutung der drei Ströme für den Warenverkehr Südrußlands ergibt sich aus folgenden Zahlen: 1885 sind im Dnjepr[1])-gebiet in Schiffen 38 Mill. Pud, auf Flößen 85 Mill. Pud, Summa 123 Mill. Pud befördert worden, 1905 auf Schiffen 126 Mill. Pud, auf Flößen 123 Mill. Pud, Summa 249 Mill. Pud = + 102%; auf dem südlichen Bug 1905: 17½ Mill. Pud, auf dem Dnjestr 8,6 Mill. Pud. 1887 waren auf dem Dnjestr 4 Bugsierdampfer tätig, auf dem unteren Dnjepr 17 Bugsierdampfer und im ganzen 35 Dampfer. Von 1890 bis 1900 stieg die Transportleistung des Dnjepr in 1000 t von 2628 auf 3837, sank die des Dnjestr von 258 auf 161. 1908 kamen in Cherson 42,8 Mill. Pud = 27,3 Mill. R. an, in Nikolajew 23,4 Mill. Pud = 16,3 Mill. R., in Majak 2,4 Mill. Pud = 1,3 Mill. R.; 1910 in Cherson 60 Mill. Pud = 47,6 Mill. R., in Nikolajew 21,5 Mill. Pud = 15,6 Mill. R., in Majak 2,7 Mill. Pud = 1,3 Mill. R. 1911 kamen nach Cherson 75,4 Mill. Pud = 57,3 Mill. R., nach Nikolajew 17,3 Mill. Pud = 13,7 Mill. R., nach Majak 4,4 Mill. Pud = 2,4 Mill. R.

Die vergleichsweise Bedeutung der drei Ströme für den Getreideverkehr ergibt sich daraus, daß 1905 im Stromgebiet des Dnjepr 65 Mill.[2]) Pud Getreide befördert wurden, im Dnjestrgebiet 3 Mill., im Buggebiet 8,6 Mill. Pud.

Die Hauptfracht des Dnjepr bildet Holz, das großenteils nach der Ostsee geht.

Die Frachten des Dnjestr bilden stromabwärts Getreide, Holz, Steine, Gips, Phosphor, stromaufwärts Steinkohle, Salz, Ziegel, Mehl usw. Auf Ankerplätzen, die mit Eisenbahnstationen in Ver-

---

1) Es ist aber zu beachten, daß der obere Dnjepr seine Waren in die Ostsee entsendet.

2) Das Getreide geht fast nur stromabwärts.

bindung stehen, wird ein Teil der Ladung, für die Weiterbeförderung nach Odessa bestimmt, abgeladen, ein Teil geht auf dem Wasserwege bis Majak und von da nach Odessa. Die Dnjestrschiffahrt leidet unter dem ganz veralteten Schiffstyp, der noch aus der Genueserzeit stammt: quadratisch mit flachem Boden, ca. 7000 Pud Tragkraft.

1908 wurde ein Syndikat gegründet, das vor allem den Getreidetransport auf Dnjepr, Dnjestr, Bug und Pruth mit 150 Fluß- und 50 Seeschiffen übernehmen wollte. Der Sitz der Direktion ist Cherson (Dnjepr-Syndikat).

Von altersher hat der Dnjepr für Odessa die größte Bedeutung gehabt. 1837 kamen von 487 Küstenfahrern in Odessa 343 von Cherson, 39 von Nikolajew, dagen nur 6 von Akkermann an. 1887 nahmen in Odessa 181 Schiffe Ladung für den Dnjepr im Werte von 1,3 Mill. R., 77 für den Dnjestr für 63000 R. 1896 kamen von 51 Mill. Pud mit Küstenfahrern 44,44 vom Dnjepr und nur 4,875 vom Dnjestr. Über neuere Zahlen vgl. Kabotagestatistik S. 107 ff.

Die Nachbarhäfen.

Den größten Verlust hat Odessa durch die bedeutende Entwicklung der Nachbarhäfen Nikolajew und Cherson erlitten.

Diese einige Jahre vor Odessa gegründeten Häfen waren bald von jedem Verkehr mit dem Auslande abgeschlossen und zu Kabotagehäfen herabgedrückt.

Segelschiffe konnten nämlich wegen der überaus schwierigen Einfahrt kaum zu diesen Häfen kommen. So wurden die Ernten aus dem Dnjepr- und Buggebiet mit Flottillen von Leichtern nach Odessa gebracht.

Seit Eröffnung der Eisenbahn Charkow-Nikolajew (1873 Teilstrecken eröffnet) begann dieser Ort für den Weizenexport von Bedeutung zu werden. 1874 betrug die Ausfuhr Nikolajews (wohl ausschließlich Getreide) 10½ Mill. R. Immerhin war der Hafen zunächst noch vollständig primitiv. 1892 wurden Elevatoren und Silospeicher im Hafen errichtet. Seit 1894 war er vollständig ausgebaut. Die Ausfuhr stieg sofort bedeutend von 1893 49 Mill. auf 1894 87,7 Mill. Pud Getreide. Die Verbesserung der Hafeneinrichtungen ist sicherlich an der Zunahme ebenso beteiligt wie die Tarifänderung von 1893. Während bei der Seichtigkeit der zum Hafen führenden Wasserstraße Schiffe nur bis 20 Fuß Tiefe laden konnten und ihre Ladung in Otschakow vervollständigen mußten, wodurch die Seefrachtrate für Nikolajew verteuert wurde (im Durchschnitt

1 Sh. mehr als für Odessa) konnten seit Vertiefung des Seekanals auf 25 Fuß (1902) Dampfer von 6000 t (früher nur bis 3000 t durchschnittlich) voll beladen werden. Die Getreideausfuhr Nikolajews stieg von 1902 87 Mill. auf 1903 107,9 Mill., 1910 sogar 112 Mill. Pud. Wie der neue Hafen in den Ausfuhrbezirk Odessas eingreift, zeigt die Tatsache, daß 1910 zum erstenmal Getreidezufuhren von den Stationen der Uman-Zweiglinien der Südwestbahn, die bisher stets nach Odessa geliefert hatten, nach Nikolajew gingen. Infolgedessen wurde die Aufhebung des Spezialtarifs von diesen Stationen nach Odessa erwogen, was für dieses ein erheblicher Verlust wäre, da es 25—30% seiner Bahnzufuhren auf diesem Wege erhält.

1911 wurde der Hafen von Nikolajew weiter verbessert durch Neubau von 500 m Kais mit neuen Verlade- und Lagereinrichtungen, so daß er in dieser Hinsicht moderner ist als der Hafen von Odessa. Während des Krieges wurde die Vertiefung des Hafens von Nikolajew auf 30 Fuß vollendet.

1909 wurden von der Südrussischen Schwimm-Elevatoren-Gesellschaft 7 Elevatoren mit über 100 t Ladefähigkeit per Stunde (Kosten 1 sh. 2 d. per t) errichtet. Im Hafen sind 247 Magazine in 168 Gebäudekomplexen mit über 20 Mill. Pud Kapazität, fast sämtlich mit Eisenbahnanschlüssen, vorhanden. 70% der Getreideausfuhr werden von den Magazinen aus geladen. Dies entspricht der Eisenbahnzufuhr Nikolajews (1911), während auf dem Bug 20% zugeführt wurden. 1912 kamen mit der Bahn 39,4 Mill. Pud Getreide und 50 Mill. Pud andere Waren, vor allem Erze, auf dem Wasserwege 13,3 Mill. Pud Getreide.

Als Ladepreise für Nikolajew werden per 10 Pud angegeben: 1. durch Magazine geladen 21,66 Kop.; 2. direkt vom Bahnhof nach dem Dampfer 12,6—16,1 Kop.; 3. mit Eisenbahnelevator 14,2 Kop.; 4. auf dem Wasserwege mit schwimmendem Elevator 9 Kop.; 5. aus den vom Hafen entfernten Magazinen 20—40 Kop. Als Einfuhrhafen spielt Nikolajew keine Rolle. 1912 betrug der Export 1340000 t, der Import 15700 t.

Cherson, 50 km von der Dnjeprmündung entfernt, war durch die Versandung dieses Flusses nur Zufuhrhafen Odessas, bis 1902 für Seeschiffe vollständig unzugänglich. Das Getreide aus dem Innern ging auf Leichtern an Cherson vorbei nach Odessa und auch, nach Vollendung des Hafens, nach Nikolajew. Um den Dnjeprprodukten diese Küstenfahrt nach Odessa zu ersparen, wurde der Hafen von Cherson ausgebaut. 1902 wurde zum erstenmal auf ausländische Fahrzeuge verladen, aber nur bis zu 17½ Fuß konnten

Schiffe Ladung aufnehmen, während diese weiter unten mit Leichtern vervollständigt werden mußte. 1906 wurde das Fahrwasser auf 22 Fuß Tiefe gebracht. Als Folge dieser Verbesserung Chersons zeigte sich schon 1907[1]) ein starker Rückgang in der Getreideausfuhr Odessas, der aber noch durch die alten Bestände von 1906 verdeckt werden konnte, 1908 war diese Abnahme nicht mehr zu verkennen.

Seit 1907 hat die Stadt Cherson Bahnverbindung mit Nikolajew. Durch Vermittlung des Umschlaghafens Alexandrowsk kann sie auch Getreide aus den Gouvernements Charkow, Jekaterinoslaw, Kursk an sich ziehen. Die Ausfuhrziffer stieg rasch und blieb 1911 nur um $^1/_3$ hinter Odessa zurück. Immerhin sind noch weitere Verbesserungen des Dnjeprs nötig. Ferner ist der Hafen vom Bahnhof 4 km entfernt. Indessen ist die Bahnverbindung zwischen Hafen und Stadt beschlossen.[2]) Dann würde eine ununterbrochene Ausfuhr möglich sein, aber auch ein scharfer Konkurrenzkampf zwischen Cherson und Nikolajew entstehen. Ferner machte sich bei der plötzlich steigenden Ausfuhr Mangel an Lagerraum bemerkbar. Auch ist der Hafen von Cherson selbst mit Eisbrechern nicht offen zu halten, sondern von Mitte Dezember bis Ende März geschlossen. Während des Krieges wurde der Ausbau des Hafens vollendet.

1910 erhielt Cherson im ganzen 49,7 Mill. Pud Getreide: 21,8 Mill. Pud Weizen, 2,2 Mill. Weizenmehl, 4,7 Mill. Roggen, 20,8 Mill. Gerste, 1911 vom Dnjepr 48 Mill. Pud, darunter 22,1 Mill. Pud Gerste, 19,7 Mill. Pud Weizen, 1,6 Mill. Weizenmehl, 4,2 Mill. Roggen. Im ganzen erhielt es, einschließlich Ingulez und anderer Nebenflüsse des Dnjepr 60,5 Mill. Pud Getreide (26 Mill. Weizen, 1,6 Mill. Weizenmehl, 5,4 Mill. Roggen, 27,1 Mill. Gerste).

Cherson ist insofern von Odessa innerlich abhängig, als es großenteils ein Arbeitsgebiet Odessaer Häuser darstellt.

Als Einfuhrhafen spielt Cherson gar keine Rolle. Der Schiffsverkehr des Hafens ist größtenteils englisch (1912: 200000 t von 250000 t Gesamttonnage). Die Getreideausfuhr geht hauptsächlich nach Deutschland: 1912 (in 1000 t) von 158,5 Gerstenexport 126.

1) 1907 wurden aus Cherson 9,7% der russischen Getreideausfuhr exportiert, gerade der Betrag, der an Odessas Ausfuhr fehlt.

2) 1913 wurde eine Linie Charkow—Cherson geplant, die den kürzesten Weg zu den getreidereichen Provinzen Charkow, Poltawa, Jekaterinoslaw, Cherson herstellen soll.

1911 betrugen die Ladekosten in Cherson 8 Kop. für schwimmende Elevatoren und 17—19½ Kop. für Magazine. Cherson besitzt wenig Lagerhäuser und kann keine Wintervorräte bilden.

Eine große Zukunft würde Cherson nach Vollendung des Riesenprojekts bevorstehen, durch das der Dnjepr mit der Düna, das Schwarze Meer mit der Ostsee verbunden werden soll. Nach dem Projekt sollte der Kanal 2369 km lang sein, 330 (engl.) Meilen im Laufe der Düna, 66 Meilen Verbindungskanal und 1072 Meilen im Dnjepr-Flußbett. Die Durchfuhr sollte 7 Tage dauern und die Verbindung Petersburg—Odessa von 6 Wochen aut 12 Tage verkürzt werden. Die Kosten sollten 350 Mill. R. betragen. 1913 war der Beginn der Arbeiten geplant.

II. Der Handel.

Allgemeines. Wenn wir die Aus- und Einfuhrlisten durchgehen, finden wir Artikel, die früher in der Ausfuhr Odessas eine bedeutende Rolle gespielt haben, infolge der Veränderung der ökonomischen Verhältnisse auf der Einfuhrseite wieder. Als sich noch unübersehbare Steppen am Dnjepr, Bug und Dnjestr hinzogen, von Tausenden von Herden durchzogen, waren Talg und Wolle die wichtigsten Ausfuhrartikel Odessas nächst Getreide. Da es mit der wachsenden Konkurrenz dünn bevölkerter Länder lohnender wurde, Getreide zu bauen, hörte die Ausfuhr dieser Artikel auf oder nahm bedeutend ab. Als Rußland noch ohne Industrie war, angewiesen auf die Fabrikate fremder Länder, denen es seine Agrarprodukte gab, spielten diese Industrieprodukte in der Einfuhr selbstverständlich eine andere Rolle als heute, da unter dem Zwang der russischen Regierung, unter Zöllen, die jede Einfuhr fast lahm legen, sich eine nationale Industrie entwickelt hat, die mit der ausländischen in Wettbewerb tritt, ja sogar auf den nahe gelegenen Märkten rückständiger Völker zu konkurrieren sucht.

In den Jahren, die wir genauer betrachten wollen, hat der Handel Odessas schwere Zeiten durchgemacht. Mißernten waren i. J. 1899, 1900, 1904. 1899 mußten infolge schlechter Ernte in Odessa allein 200 Getreidemakler und Kommissionäre ihre Tätigkeit einstellen. 1904 wurde in Beßarabien, dem Hauptlieferungsbezirk Odessas, nicht einmal genügend Korn zur Aussaat geerntet. 1900–1901 brach eine furchtbare Industriekrisis aus, in der die überkapitalisierte russische Industrie durch Aufhören der Regierungsbestellungen, durch die sie groß geworden war, fast auf die Hälfte ihres Wertes reduziert wurde. 1902 herrschte im Odessaer Rayon eine mehrmonatige Pest. Im Anschluß an die Mißernte von 1904 brach der russisch-japanische Krieg aus, nach Beendigung des Krieges in Odessa ein mehrmonatiger Streik der Hafenarbeiter. Während der Unruhen 1905 wurde ein Teil der Speicher und der Hochbahn zerstört, wodurch die Getreideausfuhr behindert wurde. Die guten Ernten von 1909 und 1910 ließen sofort die Ausfuhrziffer steigen. 1912 und 1913 herrschten die Balkankriege, wobei während des ersten die Dardanellen einen Monat lang gesperrt waren.

Der Anteil Odessas am Außenhandel Rußlands ist ständig zurückgegangen. 1897—1901 betrug er 10,67%, 1901—1906: 9,27%, 1907: 7,67%, 1908: 5,9%, 1909: 5%, 1910: 5,08%, 1911: 6,06%, 1912: 5,02%. Dabei ist nicht eigentlich der Handel Odessas gesunken: 1897 betrug der Gesamthandel: 166,4 Mill. R., 1898: 150,9 Mill., 1911: 174,6, 1912: 147,1 Mill. R. Nur hat er das starke Anwachsen des russischen Gesamthandels nicht mitgemacht; 1897 betrug der Gesamthandel Rußlands: 1282,6 Mill. R., 1898: 1350,2 Mill., 1911: 2753,1 Mill., 1912: 2690,6 Mill. R. Während zu Beginn unserer Epoche Odessa nach Petersburg der zweitwichtigste Hafen Rußlands war, ja im Ausfuhrhandel an erster Stelle stand, wurde es allmählich von Riga überflügelt, das 1904 an die zweite, 1910 an die erste Stelle trat.

Das Verhältnis der Aus- und Einfuhr ist in Odessa immer ungünstig gewesen. In den ersten Jahren bestand, während die Ausfuhr schon eine ziemliche Höhe erreichte, keine Verbindung nach dem Innern, in der dünn bevölkerten Umgebung konnte aber nur wenig verbraucht werden. Was noch an Einfuhr übrig blieb, wurde durch immer weitere Verschärfung des Prohibitivsystems verdrängt. So war die Ausfuhr immer bedeutend größer als die Einfuhr, und die Jahre, in denen die Aus- und Einfuhr etwa gleich waren, sind im allgemeinen als kritische Jahre anzusehen.

A. Der Ausfuhrhandel.

Allgemeines. Die Südhäfen Rußlands sind von Anfang an typische Ausfuhrhäfen gewesen. Immerhin stand die Ostsee mit ihren alten Handelsbeziehungen bis 1887 an erster Stelle. Infolge immer stärkerer Getreideausfuhr, die sich natürlich in die nahe gelegenen Südhäfen ergoß, verschob sich der ökonomische Schwerpunkt Rußlands immer mehr nach Süden. 1888 wurde die Ausfuhr der baltischen Häfen um 34 Mill. R., 1889 um 30 Mill. übertroffen, 1889 gingen über die Südhäfen 246 Mill. Pud, über die Ostsee 176 Mill., während in der Einfuhr die erste Stelle der Ostsee verblieb. Das Überwiegen der Ausfuhr in den Südhäfen wird immer stärker. 1901 betrug der Unterschied 200 Mill. R., 1911 534 Mill. R

Vor allem in der Ausfuhr hat sich die Stellung Odessas zu seinen Ungunsten verschoben. Noch 1874 entfielen auf Odessa 43% (von 105 Mill. R. 48 Mill.) der Ausfuhr der Südhäfen, wobei aber vor allem die Asowhäfen neben Odessa in Betracht kamen, von Schwarzen-Meer-Häfen nur Nikolajew mit 10 Mill. R. Ausfuhr, so daß also von der Ausfuhr der Schwarzen Meer-Häfen auf Odessa etwa 80% entfielen. In der neueren Zeit ist dagegen die Ausfuhr Nikolajews so stark gewachsen, daß sie nur wenig hinter der Odessas zurückblieb, 1909 und 1910 sie sogar übertraf.

Als Ausfuhrartikel spielen in Odessa eine Rolle: Getreide, Zucker, Spiritus, auch Holz.

a) Die Getreideausfuhr.

Die Getreideausfuhr Rußlands. Die Getreideausfuhr Rußlands ist ja eigentlich erst nach der Bauernbefreiung und dem Ausbau der russischen Eisenbahnen in Gang gekommen. In immer stärkerem Maße richtet sie sich nach den Südhäfen. Deren Getreideausfuhr betrug im Durchschnitt 1881/83: 44,7%, 1909/11: 72,4% der russischen Gesamtausfuhr. 1891 betrug die Ausfuhr der Ostseehäfen 91 Mill. Pud Getreide, der Schwarzen-Meer-Häfen 298 Mill. Pud, der Asowhäfen über 130 Mill. 1911 gingen von 824,1 Mill. Pud Getreideausfuhr Rußlands 319,3 über die Häfen des Schwarzen Meeres, 198 über die Asowhäfen und nur 105,5 über die Ostsee.

Zur Geschichte der Odessaer Getreideausfuhr. Das Getreide ist von jeher das Lebenselement des Odessaer Handels gewesen. Chadschibey, eine türkische Ansiedlung an der Stelle des späteren Odessa, wird schon im 15. Jahrhundert als Getreideausfuhrplatz erwähnt. 1415 sandte nach dem polnischen Historiker Dlugosz Wladislaus II. Jagiello über diesen Hafen Getreide aus Podolien nach dem damals von den Türken belagerten Konstantinopel. Ebenso wurde über diesen Ort auch galizisches und wolhynisches Getreide versandt, das auf dem Landwege dorthin kam. Nach Gründung Odessas (1794) spielte der neue Hafen bald als Getreideausfuhrplatz eine Rolle. Als für das durch die napoleonischen Kriege ausgehungerte Europa die Randländer des Schwarzen

Meeres als Kornkammern entdeckt wurden, stieg die Getreideausfuhr Odessas 1817 auf über 1,2 Mill. Tsch. (ca. 12 Mill. Pud). Damals betrug die Getreideausfuhr 95% der Gesamtausfuhr. Allmählich kamen auch andere Artikel in Betracht, so daß das Getreide diese herrschende Stellung nicht behaupten konnte. Immerhin entwickelte sich die Getreideausfuhr weiter, 1844 betrug sie 3¼ Mill. Tsch., womit Odessa wohl der größte Getreideausfuhrhafen Europas war. Eine bedeutende Steigerung erfuhr die Getreideausfuhr in den 80er Jahren, in denen sich Odessa die erste Stelle in der russischen Getreideausfuhr, die im Laufe der Zeit infolge besserer Bahnverbindungen Petersburg zugefallen war, zurückeroberte: 1887 mit 77 Mill. Pud Getreideausfuhr. Diese erste Stelle hat es bis zum Jahre 1905 behauptet, wo es zum erstenmal von Nikolajew übertroffen wurde. 1909 ist es endgültig an die zweite Stelle getreten. 1913 wurde es auch noch von Rostow übertroffen. Während noch 1886 über ein Viertel der Gesamtgetreideausfuhr Rußlands über Odessa ging, betrug sein Anteil 1911 nur noch 9%.

Der Zufuhrbezirk. Als Ausfuhrhafen für die neugewonnenen ehemals polnischen Provinzen Podolien und Wolhynien gegründet, zog es mit der fortschreitenden Besiedlung auch die Getreideprodukte von Beßarabien und Cherson an sich, da Segelschiffe nicht ohne Schwierigkeit bis Cherson—Nikolajew hinauffahren konnten. So wurde es Ausfuhrhafen für das Dnjepr-, Dnjestr- und Buggebiet. Schon im Jahre 1814 kamen vom Bug und Dnjepr 1½ Mill. Tsch. Getreide. Noch im Durchschnitt 1865/66 entfielen auf Odessa ca. 32 Mill. Pud, auf Nikolajew 6 Mill. Nach Vollendung der Eisenbahn nach Lemberg (1863) schob sich der Ausfuhrbezirk Königsbergs bis Brody und Jassy, ebenso in den Gouvernements Poltawa, Kiew und Charkow nach Süden vor. Die in Privatbesitz befindlichen Südwestbahnen hatten ein Interesse daran, durch Ablenkung der Fracht nach Norden ihre langen Strecken möglichst ausnützen zu lassen. 1878 ging von Shmerinka (817 km von Königsberg und 384 von Odessa) Getreide zu gleichen Teilen nach Norden und Süden. Durch Änderung des Eisenbahntarifs 1879 wurde auch Poltawa, das nach Eröffnung der Eisenbahn Libau—Romny (1874) in den Rayon Libau—Königsberg gefallen war, Kiew und Charkow in den Odessaer Ausfuhrrayon einbezogen. Um 1880 ging der Ausfuhrbezirk Odessas im Norden bis Kasatin (800 W.), aber bereits von Rasdjelnaja (68 Werst von Odessa) gingen 0,6 Mill. Pud nach Norden, 16,1 Mill. nach Odessa, von

Birsula 0,72 nach Norden, 5,23 nach Odessa, von Kasatin 6,35 Mill. nach Norden, 0,57 nach Odessa. Um 1882 wird der Ausfuhrbezirk Odessas folgendermaßen umschrieben: die Westhälfte der Provinz Cherson, die Kreise Odessa, Ananjew, Tiraspol, der südliche Teil Beßarabiens, während ein Teil nach Österreich mit Lastfuhren, ein Teil nach Galatz lieferte, ein Teil von Jekaterinoslaw, während der andere nach dem Asowschen Meere gravitierte: Taurien und Podolien mit Ausnahme der westlichen Kreise Kamieniec und Proskurow.

Um nach Eröffnung der Bahn Libau—Romny die Frachten nicht von Odessa nach Königsberg abwandern zu lassen, wurde ein Differentialtarif eingeführt.[1]) Nach den Tarifkosten bildete zwischen Odessa, Königsberg und Danzig die Frachtgrenze Petschenowka (von Odessa 551 W., von Königsberg 579 W. und 168 km), zwischen Odessa nnd Wolotschisk: Proskurow, zwischen Odessa und Nikolajew: Shestakowka. In Wirklichkeit ging aber viel mehr von der Sektion jenseits Kasatin und der Nordhälfte der Fastower Bahn nach Königsberg, wo infolge niedriger Seefrachten (um die Hälfte niedriger als für Odessa) bessere Preise gezahlt werden konnten und Kredit gewährt wurde. Andererseits verschob sich nach Schluß der Schiffahrt in Nikolajew die Frachtgrenze zugunsten Odessas nach Südosten; dann ging nicht nur von Jelisawetgrad und Znamenka, sondern auch von den Nikolajew nahe gelegenen Stationen Dobroje und Nowy-Bug Getreide nach Odessa, dann gravitierten auch der Rayon der Jekaterinenbahn und ein Teil der Charkow—Nikolajewer Bahn nach Odessa, nördlich Krementschug nach Libau und Königsberg. Der 1893 in Rußland eingeführte Differentialtarif und der Mangel einer unmittelbahren Bahnverbindung mit den nördlichen Getreideproduktionsbezirken sollen die Getreideausfuhr nach anderen Häfen, vor allem nach Nikolajew abgelenkt haben. In der Tat steht der Abnahme der Getreideausfuhr Odessas 1894 eine bedeutende Zunahme Nikolajews gegenüber. Ferner wurde ein großer Teil Podoliens und Wolhyniens durch den Tarif von Odessa abgeschlossen. 1895 kommen als Getreidelieferungsbezirke 5 Gouvernements in Betracht. Der Nordwesten von Cherson, Beßarabien, Podolien, Kijew, Wolhynien. Die häufigen Mißernten der an den Odessaer Ausfuhrbezirk grenzenden Länder: Nord- und Mittelrußland, Rumänien, Galizien veranlaßten von 1896—1898 viele Käufer Getreide in Wagenladungen zu be-

1) 1885 begann durch die Gründung eines Reichseisenbahnrates der Einfluß des Staates auf die bisher willkürliche Tarifgestaltung.

ziehen, wodurch diese Gebiete natürlich für die Getreideausfuhr Odessas ganz oder teilweise verloren gingen. Im Durchschnitt 1900/1902 bezog Odessa Getreide der 5 Hauptarten in 1000 Dpztr. aus Beßarabien 5115, Cherson 4809, Jekaterinoslaw 1711, Podolien 1451, Taurien 1027, zusammen 14406, nur 290000 Dpztr. kamen aus anderen Gouvernements.

Wie klein schon um 1907 das Ausfuhrgebiet Odessas geworden ist, ergibt sich aus folgender Tabelle: Es entfielen von der Gesamtausfuhr auf eine Entfernung von:

1—500 W.	500—1000 W.	1000—1500 W.	1500—3000 W.
97,6%	2%	0,2%	0,2%

Die entlegensten Ankaufsgebiete sind, von Ausnahmen abgesehen, nur 3—400 km vom Hafen entfernt.

Gegenwärtig ist eigentlich nur Beßarabien und die anliegenden Kreise von Cherson und etwa Südpodolien als Zufuhrbezirk zu betrachten. Durch die neue Bahnlinie Odessa—Bachmatsch[1]) ist ein großer Zufuhrbezirk für Odessa erschlossen worden. Da aber diese Bahn in 1½ km Entfernung am Bughafen Wosnessensk vorbeigeht, zieht Nikolajew infolge verbilligter Flußtransporte einen Teil durch Umladen an sich, außer im Winter, wenn der Bug gefroren ist. Außerdem verlangt Nikolajew eine Zweigbahn nach Wosnessensk, wodurch es sich mit Odessa in die Lieferung auf dieser Bahn teilen würde.

Art der Zufuhr. In früheren Zeiten spielten die Achsenzufuhren die Hauptrolle. Um 1837 verhielt sich die Achsen- zur Fluß- und Küstenzufuhr wie 12 — 15 : 1, ebenso erfolgte die Einfuhr ins Innere per Achse. Noch um 1866 entfielen von 75 Mill. Pud Gesamtzufuhr nach den Südhäfen 55 Mill. auf Achsentransporte, 10 auf die Eisenbahn, 10 auf Wassertransporte, wobei allerdings in Betracht zu ziehen ist, daß damals das Eisenbahnsystem in Südrußland fast gar nicht ausgebaut war. Früher war die Achsenzufuhr sehr billig, weil bei der allgemeinen Weide fast keine Auslagen für Futter usw. zu rechnen waren. Mit der Entwicklung der Küsten- und Binnenschiffahrt, mit der Entwicklung der Eisenbahnen sank die Bedeutung der Achsenzufuhr. 1882 spielte sie nur für die Kreise Odessa und Akkermann eine Rolle, ferner im inneren Hafenverkehr als Ergänzung der Estakadebahn. 1895 entfiel auf die Achsenzufuhr 11%, 1896 9,5%. Sie erfolgte nur aus einer Entvon 80—100 W. bei oft mehrtägigem Transport. Gegen Anfang

1) Am 1. Februar 1914 wurde die Linie Odessa—Bachmatsch bis Tscherkassey für Güterzwecke freigegeben; dort mußte umgeladen werden.

des 20. Jahrhunderts scheinen allerdings im Zusammenhang mit dem Sinken der Küstenzufuhr die Achsentransporte zu steigen. 1899: 4,4% der Gesamtzufuhr, 1900: 14,18%, 1901: 14%, 1902: 16%, 1903: 17,5%.

Die Transportkosten per Achse nach Odessa sind sehr hoch. Im Durchschnitt werden 5 M. p. t angegeben. Während im allgemeinen die Transportkosten p. Pud und W. 1/10—1/16 Kop. betragen, steigen sie bei schlechtem Wetter bis auf 1/5 und 1/3, ja 1/2 Kop. Bei 1/2 Kop. betragen die Transportkosten bereits für 25 W. p. t 16 M., so daß ein Transport in diesem Falle einfach unmöglich ist.

Da in den in Betracht kommenden Gebieten Chausseen fast unbekannt sind, sind die Landstraßen durchschnittlich 2—3 Monate im Jahre vollständig unpassierbar. Infolgedessen wird natürlich die Abfuhr auf kurze Zeit zusammengedrängt, was einen scharfen Druck auf die Preise ausübt.

Gegenüber der sinkenden Bedeutung der Achsenzufuhr stand die steigende Bedeutung der Zufuhr aus den Flußgebieten des Dnjepr, Bug und Dnjestr mit Küstenschiffen nach Odessa. 1885 kamen auf diesem Wege 62 Mill. Pud. Noch 1895 kam der größere Teil der Odessaer Getreidezufuhr, nämlich 46% auf Küstenschiffen gegenüber 43% Eisenbahnzufuhr. Mit dem Ausbau der Häfen und Seeverbindungen von Cherson und Nikolajew 1902—1906 sinkt die Küstenzufuhr durch Fortfall der Dnjeprprodukte rasch. 1903 betrug sie 67 Mill., 1904: 55 Mill., 1905: 41 Mill., 1906: 30 Mill., 1907: 18 Mill. Wenn auch gegenüber der guten Ernte 1910 die Zufuhr der Küstenschiffahrt von 9 1/2 auf 14 1/2 Mill. Pud stieg, so kam sie doch hauptsächlich von Akkerman, also vom Dnjestr und den Häfen des Pruth. Vom Dnjepr dagegen kam nichts außer kleinen Barken, die am Ende des Jahres zum Überwintern in Odessa eintrafen. Somit spielen heute im Getreidehandel Odessas die Zufuhren mit der Eisenbahn die Hauptrolle. Selbstverständlich ist dies für die Frachtfrage von entscheidender Bedeutung. Gegenüber den oben erwähnten hohen Frachtkosten per Achse stehen die verhältnismäßig niedrigen Flußfrachten, die um 1900 für den Dnjestr auf 1/98 Kop. p. Pud und W., für den Dnjper auf 1/80, für den Südbug auf 1/69 angegeben werden. Die durchschnittlich durchlaufenen Strecken betragen dabei für den Dnjestr 240, für den Dnjepr 350, für den Bug 100 km (er ist nur ungefähr so weit schiffbar). 1883 kamen 54,2% mit der Bahn, 1886 von 120 Mill. Pud 50, 1895 entfielen 43% (aus Podolien und Beßarabien), 1896 44% (48,5 Mill. Pud), 1899 51,47% (35 Mil. Pud), 1900 42,6% (23 Mill.

Pud), 1901 37,05% (41½ Mill. Pud), 1902 31,1% (28 Mill. Pud) auf Bahntransporte. Der Eisenbahntransport ist verhältnismäßig teuer. 1/25 Kop. für Pud und W. bis 180 km, bis 344 km 1/63 Kop., bis 800 1/68 Kop. Außerdem ist er langsam und man rechnet 2% Gewichtsverlust. Bei den häufigen Stockungen infolge Materialmangels bleibt das Getreide unter freiem Himmel liegen, wo es evtl. verfault. Die weitesten Frachten für Odessa (Kasatin 800 W.) betragen 14 Kop., bei Weizen 20% des Wertes. Wie groß der Unterschied zwischen Eisenbahn- und Flußfrachten ist, zeigen am besten die Navigationstarife, die den Zweck haben, bei Konkurrenz von Eisenbahn- und Flußtransport die Frachten auf die Eisenbahn hinüberzuziehen. Während die Frachtkosten von Alexandrowsk bis Cherson auf dem Dnjepr 4,1 Kop. betragen, mit Spesen 6,7, kostet der Eisenbahntransport nach dem gewöhnlichen Tarif bis zum nächsten Ausfuhrhafen Theodosia 10,06 Kop., wird aber, damit die Eisenbahn konkurrenzfähig ist, auf 6,5 Kop. ermäßigt.

Die Richtung der Getreideausfuhr. In den ersten Jahren seines Bestehens versorgte Odessa vor allem die Türkei, den Balkan, das westliche Mittelmeer, schließlich auch England, das dann der Hauptabnehmer des südrussischen Weizens wurde und noch heute der maßgebende Platz für die Preisgestaltung geblieben ist.

England hatte früher im russischen Getreidehandel eine so überragende Stellung, daß es fast alle im heutigen Handel üblichen Kontraktformen entwickelt hat. Bis 1872 hat Rußland den Hauptanteil an der britischen Getreideversorgung gehabt. Bis 1877 war es Amerika noch überlegen. Seitdem tritt es mehr und mehr zurück. Der amerikanische Getreidehandel hat den Vorzug der Organisation und Planmäßigkeit. Das Getreide ist reiner, das Verladen, Schütten, Messen erfolgt mechanisch und damit billiger und besser. 1881 wurden die Kosten dafür auf 7,35 Kop. für Amerika, auf 22,5 Kop. für Rußland angegeben, der durchschnittliche Eisenbahntransport in Amerika auf 4,3 Kop. Kosten, in Rußland auf 30,75 Kop. Die Bedeutung Englands als Getreideabnehmer Rußlands geht zurück, weil Amerika billiger und besser liefern kann, da außer den genannten Faktoren auch die geringere Verteuerung durch Zwischengewinne in Betracht kommt. Diese für ganz Rußland gültige Entwicklung bestätigt sich auch für Odessa. Gegenüber der sinkenden Bedeutung Englands steht die steigende Bedeutung Deutschlands, das seine Zufuhren teils direkt, teils über Holland und Belgien erhält. Da die russische Statistik nur die Richtung der Ausfuhr, nicht aber das Bestimmungsland angibt, müssen ihre Angaben dementsprechend korrigiert werden. Der größte Teil der Ausfuhr für Belgien und Holland muß Deutschland zugeschrieben werden. Es ergibt sich daraus, daß Deutschland der bedeutendste Getreidekäufer Odessas ist. Die Zahlen für diese drei Länder sind für 1908—1911 rasch und dauernd gestiegen: von 25,8 Mill. auf 36,6, 53,2, 67,6 Mill. Pud. Man rechnet für 1911 ²/₃ der Odessaer Getreideausfuhr für Deutschland. (Vgl. die statistischen Übersichten.)

Der russische Getreidehandel. Man wirft dem russischen Getreidehandel vor allem vor, daß er das Getreide absichtlich verunreinige. Ein Polizeibefehl vom 14. September 1872 nennt die Getreidehändler Odessas eine durch die Zeit sanktionierte Korporation verwegener, geriebener, beispiellos frecher Menschen. 1878 erschien in einer Septembernummer des Odessaer Nowo-Rossyski-Telegraf ein Artikel, der die Mißstände des Odessaer Getreidehandels aufdeckte. 1891 enthielt mehr als die Hälfte des Ausfuhrweizens bis 22% Besatz, mehr als ³/₄ des Roggens bis 82%, ein Teil der Gerste bis 33% Sand und Unrat. Daß der südrussische Getreidehandel[1]) viel unsolider als der der Ostsee ist und der Odessaer wieder schlechter als der anderer Häfen, ergibt folgende Tabelle:

1897 hatten von der Gesamtgetreideausfuhr Besatz in %:

	Odessa	Nikolajew	Rostow	Noworossysk	Ostseehäfen
unter 1%	4,1	5,1	4,7	—	10,8
1—2%	15,6	31,4	17,3	4,8	63,5
2—3%	29,6	28,8	21,4	2,5	19,1
3—6%	35,7	34,6	20,8	14,5	4,5
über 6%	15	0,1	35,18	89,2	—

1894 hatten weniger als 2% Besatz:

	Weizen	Roggen	Gerste	Hafer
Odessa	19,6	34,7	55,2	59,4
Nikolajew	36,5	42,5	83,1	67,9
Rostow	22,1	16,2	67	43
Noworossysk	4,8	4	80,3	11,5
Libau	—	28,9	75	41,8
Riga	59,7	82,8	93,4	60
Petersburg	86,2	100	100	48,2

1) In London wird südrussisches Getreide trotz seiner vorzüglichen Qualität um 5—8% geringer eingeschätzt als amerikanisches. Dagegen hat es bei Bezug

Diese Unsolidität liegt daran, daß sich die übelsten Elemente in den Getreidehandel drängen. Es findet denn auch ein sehr starker Wechsel statt. Nach einem Artikel in der Kreuzzeitung vom September 1902 waren in Odessa von 41 Firmen, die 1883 bestanden, 1891 noch 19 vorhanden. 1884—1889 wurden 47 Firmen gegründet, von denen 41 in 5 Jahren wieder eingingen. 1909 waren in Odessa nur noch zwei von den Exportfirmen, die 1886 bestanden, vorhanden, 46 liquidiert. Infolge der Konkurrenz dieser Elemente zogen sich natürlich die soliden und kapitalkräftigen Häuser vom Handel zurück, worüber vor allem 1896 in Odessa geklagt wird. An ihre Stelle traten vielfach Leute ohne jedes Kapital, die nur mit Bankkredit arbeiteten, also nichts zu verlieren und zu riskieren hatten. Diese sogenannte Demokratisierung des Getreidehandels ist in Odessa am weitesten fortgeschritten.[1])

1900 wurde in Odessa wie in Nikolajew die Getreidekontrolle eingeführt, aber ohne Zertifikatsystem. Ferner wurde 1903 vom

---

über Königsberg und Danzig, wo es sorgfältig gereinigt und sortiert wird, einen entsprechend höheren Wert.

1) Es verschifften in:

	Odessa	Nikolajew	Cherson	Odessa, Nikolajew, Cherson	
	1909	1909	1909	1886	1901
unter 1 Mill. Pud	43	32	28	40	81
1— 2	4	2	4	18 (1—3)	5
2— 3	4	1	4		5
3— 5	4	3	2	5	7
5—10	—	4	2	2	4
10—15	1	—	—	—	2
15—20	—	1	—	—	1
über 20	—	—	—	—	1
Zahl der Firmen	56	43	40		
verschiffte Menge in Pud	52 Mill.	100 Mill.	45 Mill.		

Ein Zeichen der Demokratisierung des Getreidehandels ist die Tatsache, daß trotz der sinkenden Bedeutung des Odessaer Getreidehandels die Zahl der Getreidefirmen ständig zunimmt. So von 1900—1909 von 35 auf 56 und weiter auf 62, davon 25 unter 100000 Pud. Diese kleinen Verkäufer werden vor allem durch die Banken finanziert, die einen großen Teil der Getreideausfuhr in ihre Hände gebracht haben. 1909 betrug in Odessa die Ausfuhr der Banken 2,8 Mill. Pud (5%), in Nikolajew 3,6, in Cherson 3,1. Ferner sind auch die Getreidekäufer an der Demokratisierung schuld, indem sie die kleinen Verkäufer trotz ihrer Unsolidität gegenüber den alten Häusern begünstigten, wobei sie allerdings meist selbst den Schaden zu tragen hatten.

Börsenkomitee[1]) eine Fondsbörse eröffnet, die Odessaer Standardtypen (nicht für Weizen) feststellen und Proben von jeder Ladung ausgeführten Getreides entnehmen sollte. In den ersten beiden Monaten wurden 5500 Proben entnommen und nach Untersuchung als durchschnittlicher Besatz für Weizen 5,64%, für Roggen 5,5%, für Gerste 4,1%, für Hafer 6,6% festgestellt. Der Odessaer Standard hatte den Zweck, den ausländischen Käufer darüber zu unterrichten, welche durchschnittlichen Qualitäten er im gegebenen Augenblick auf dem Odessaer Markt erwarten konnte, da bisher ausländische Märkte auf Grund der Odessaer Proben eigene Maßstäbe festzustellen pflegten, was für den Odessaer Händler unvorteilhafte Abschlüsse zur Folge hatte. Dieser Odessaer Standard wurde von den ausländischen Börsen zurückgewiesen. Durch Gesetz wurde 1905 in Rußland die Börsenkontrolle und das Recht, auf Wunsch Zertifikate aufzustellen, festgestellt. Der 1905 in Berlin ausgearbeitete Mustervertrag für den Getreidehandel wurde von Odessa, Nikolajew und Cherson bekämpft. 1907 wurde ein Syndikat südrussischer Kornexporteure gegründet, um den deutschen Mustervertrag auszuschalten. 1908 wurden die Besatznormen für das Schwarze Meer festgestellt. 1912 wurden vom russischen Handelsminister Besatznormen für ganz Rußland festgesetzt, für Weizen auf 2½%, für Gerste und Hafer auf 3½%; stärkerer Besatz sollte von der Verpflichtung zur Abnahme entbinden.

Außer der Verschlechterung ist in Südrußland auch die Majorisierung üblich, d. h. es werden in den Konossomenten größere Mengen angegeben als wirklich verladen wurden und Vorschüsse auf die ganze Menge genommen. Bei Reklamationen sind die Verkäufer häufig zahlungsunfähig, mindestens haben sie die Zinsen für den Mehrbetrag widerrechtlich bezogen. Dieses Verfahren wird durch das Getreidezertifikatsystem, das in Nikolajew, nicht aber in Odessa eingeführt ist, unmöglich gemacht. Außerdem wird unverkauftes Getreide versendet, der Kauf erst während der Fahrt abgeschlossen, was unter Umständen durch Lagergebühren, Zinsenverlust, Verderben, zu Verlusten führt. Endlich entziehen sich die Firmen einfach ihren Verpflichtungen im Falle von Mißernten, Preisänderungen usw. Klagen darüber, die sich vor allem auf Südrußland beziehen, enthalten die Berichte der Handelskammer Berlin, 1902, wo viele Firmen infolge Preissteigerung nach

1) Diese Produktenbörse erledigte 3 Sorten von Getreidegeschäften: 1. mit Gewichtsangabe, 2. mit Klasse- und Besatzangabe, 3. mit Angabe des Standards. Am 20. jeden Monats wurde der Standard festgestellt.

anderen Orten zu höheren Preisen verkauften, ebenso der Handelskammerbericht Augsburg 1911 und Berlin 1912.

Die einzelnen Getreidearten. 1. Der Weizen. Der Weizen, der ja vor allem in den den Südhäfen nahe gelegenen Schwarzerdgebieten gebaut wird, wird in immer stärkerem Maße über die Südhäfen ausgeführt. 1872 gingen 78,92% der Weizenausfuhr über die Südhäfen, 1912 95%. Der Weizen war früher der Hauptausfuhrartikel Odessas. So kamen in den beiden Rekordjahren des erst wenige Jahre bestehenden Odessas 1816 von 37 Mill. R. Gesamtausfuhr 33 Mill. auf Weizen, 1817 von 41,4 Mill. 38,3 Mill. 1844 als bereits Wolle, Talg und andere Gegenstände in der Ausfuhr eine Rolle spielten, entfielen von 18,15 Mill. R. Silber Gesamtausfuhr 11,19 auf Weizen, 1847 wurden von 3¼ Mill. Tsch. Getreide 2,8 Mill. Weizen ausgeführt. Von 1849—53 gingen über Odessa 51,7% der Gesamtweizenausfuhr. Im Durchschnitt 1865/66 entfielen auf Weizen 2,49 Mill. Tsch., bei 3,26 Gesamtgetreideausfuhr = 78%. Von der Weizenausfuhr des Schwarzen Meeres (5,44 Mill. Tsch. 1865/66) entfielen auf Odessa 45%. 1878 betrug der Wert der Weizenausfuhr 144 Mill. Mark, der Roggenausfuhr 37,7, der Gerstenausfuhr 21,2 Mill. 1884 betrug die Weizenausfuhr noch 40% der Getreideausfuhr Odessas (der Menge nach). 1896 sank die Weizenausfuhr von 57,2 auf 46 Mill. Pud, während Nikolajew etwa auf derselben Höhe blieb. (39,5 gegen 40). 1898 wurde Odessa zum ersten Male von Nikolajew in der Weizenausfuhr um einige 100000 Pud geschlagen. Im Durchschnitt 1900/02 hat Odessa als Weizenbezieher ein entschiedenes Übergewicht nur im Gouvernement Beßarabien, das bei 12 Mill. Pud Gesamtweizenausfuhr 9,6 Mill. nach Odessa, 3 Mill. über die westliche Landesgrenze ausführte. Am meisten bezog Odessa Weizen aus Cherson: 11,2 Mill. Pud, während Nikolajew 18,7 Mill. von dort ausführte, ferner aus Südpodolien 4,4 Mill. (1,8 über die westliche Landgrenze), aus Jekaterinoslaw 5,2 (Nikolajew 2,4 und andere Südhäfen etwa 7,2), aus Taurien 3, das über andere Südhäfen ca. 12 Mill. Pud ausführte. 1912 wurde Odessa fast von allen anderen Südhäfen in der Weizenausfuhr übertroffen, ebenso 1913, wo die Weizenausfuhr nur noch 20% der Gesamtausfuhr betrug.

Dies liegt zunächst natürlich daran, daß Odessa die Weizenproduktionsgebiete an andere Häfen verloren hat, die demgemäß in der Weizenausfuhr nicht so zurückgegangen sind. Die Kabotagezufuhr Odessas in Weizen sank von 30,5 Mill. Pud 1903; 31,5 Mill. 1904 auf 3,06 Mill. 1911, 2,4 Mill. 1912. Entsprechend sank die Kabotageausfuhr Chersons in Weizen, der doch meist nach Odessa ging, von 28,7 Mill. Pud 1903, 33,9 Mill. 1904 auf 1,3 Mill. 1911, 1,9 Mill. 1912. Ferner hängt es aber auch mit der veränderten Stellung des Weizens in der russischen Getreideausfuhr zusammen. Großbritannien, früher der Hauptabnehmer Rußlands und besonders Odessaer Weizens, bezieht in steigendem Maße aus den Vereinigten Staaten. An der Steigerung der englischen Weizeneinfuhr vom Ende der 60er Jahre bis Ende des 19. Jahrhunderts um etwa 50,7 Mill. engl. Ztr. war Amerika mit 45 Mill. = 80% beteiligt. Rußland trat nur in den Jahren amerikanischer Mißernten aushilfsweise auf. Wie rasch die Weizenausfuhr Rußlands nach England zurückgegangen ist, ergibt sich daraus, daß 1904 die russische Weizenausfuhr nach England 68,9 Mill. Pud, 1905 73,5 Mill. betragen hat, dagegen 1911: 48,1 Mill., 1912: 27,4 Mill., 1913: 19,1 Mill., 1914: 19,2 Mill. Der russische Weizen ist auch durch höhere Frachten gegenüber dem amerikanischen im Nachteil. 1903 betrug die Fracht p. M. Ztr. Weizen ab Odessa nach England 109,5 Pf., von New York 58,3 Pf.

2. Roggen. Roggen war früher der zweitwichtigste Getreideartikel. 1849—1853 betrug die Roggenausfuhr Odessas 1,46 Mill. Tsch. = 14,3% der Roggenausfuhr Rußlands, und 7,3% der Getreideausfuhr Odessas, 1884 15% der Odessaer Ausfuhr. 1899 wurde Odessa von Petersburg und Rostow übertroffen. 1910 betrug der Roggen 9,1, 1911 7,5% der Odessaer Ausfuhr. Der Roggen geht hauptsächlich nach Deutschland. Man rechnet, daß von der Odessaer Ausfuhr 57% für Deutschland bestimmt sind, während nur 5% nach England gehen. Deutschland empfängt viel Roggen aus Odessa über Holland und England. Im Durchschnitt 1900—1902 bezog Odessa 6,4 Mill. Pud aus Cherson, während 11,4 nach Nikolajew und ein Teil über andere Häfen ging, 2,3 aus Beßarabien, das 1,4 über die westliche Landgrenze ausführte, 2 aus Taurien, 1,9 aus Jekaterinoslaw, das 1,7 Mill. über Nikolajew und andere Häfen ausführte.

Auch der Rückgang der Roggenausfuhr hängt mit dem Ausfall der Dnjeprzufuhren zusammen. 1902 betrug die Kabotageausfuhr Chersons in Roggen 11,3 Mill. Pud, 1903: 11,2 Mill. Pud; 1911 dagegen 170000, 1912 168900 Pud. Entsprechend betrug die Kabotagezufuhr Odessas 1902: 11,3 Mill. Pud, 1903: 11,5 Mill. Pud; 1911 dagegen nur 876300, 1912: 652300 Pud. Das Verhältnis der Roggenausfuhr Odessas zu der Rußlands und der anderer Südhäfen ergibt sich aus folgender Tabelle:

	1911 Mill. Pud	1912 Mill. Pud		1911 Mill. Pud	1912 Mill. Pud
Rußland......	52,1	29,4	Rostow.......	8,3	5,3
Odessa.......	7,1	5	Noworossysk..	1,8	0,6
Nikolajew....	11,2	4,8	Cherson......	6,8	2,3

1912 war Odessa an der zweiten Stelle, 1911 an der dritten.

3. Gerste. Früher war Gerste ein untergeordneter Artikel. 1849—1853 machte sie noch nicht 1% der Getreideausfuhr Odessas aus, dabei aber 6,6% der Gesamtausfuhr Rußlands. 1884 entfielen schon 17% der Odessaer Getreideausfuhr darauf. 1898 war Odessa als Ausfuhrhafen für Gerste an erster Stelle. 1910 machte die Gerstenausfuhr 35, 1911 33% der Getreideausfuhr Odessas aus. 1911 wurde Odessa darin von Nikolajew, Noworossysk und Rostow übertroffen, während Cherson ihm gleichkam. 1904 rechnete man von der Gerstenausfuhr 1/3 auf England, 30% auf Deutschland, den Rest auf Belgien und Holland.[1]) Im Durchschnitt 1900—1902 bezog Odessa 7,3 Mill. Pud. aus Cherson, während von dort 9,3 nach Nikolajew gingen, 4,9 aus Beßarabien, das 1,8 über die Westgrenze lieferte, 3,1 aus Jekaterinoslaw, 1,1 Mill. aus Taurien, die aber einen viel größeren Teil über andere Südhäfen ausführten.

Über die Stellung Odessas im Gerstenexport Rußlands gibt folgende Tabelle Auskunft.

Gerstenausfuhr in Mill. Pud.

	Rußland	Odessa	Nikolajew	Taganrog	Noworossysk	Cherson	Mariupol	Berdjansk
1911:	262,1	32,8	46,9	27,6	26,7	13,2	7,3	7,1
1912:	168,2	15	32,5	19,8	14,9	9,8	2,6	2,6

Für 1912 wird der Wert der Odessaer Gerstenausfuhr auf 1,36 Mill. £ geschätzt (Russian Yearbook).

4. Mais. Odessa ist in der Maisausfuhr bei weitem an erster Stelle, weil es der Ausfuhrhafen Beßarabiens, des Hauptproduktionsgebiets, ist. 1844 entfielen auf die Maisausfuhr 15%, 1908 46,3%, 1909 36,4%, 1910 15,5%, 1911 45%, 1912 39% der Odessaer Getreideausfuhr. 1900 rechnete man etwa 2/3 der Maisausfuhr für England, 1904 45%, für Deutschland 35%. Der Rest geht nach Belgien, Niederlande, Frankreich. Im Durchschnitt 1900/02 bezog Odessa Mais aus Beßarabien 13,3 Mill. Pud, aus Cherson 3,7, aus Podolien 2,2 Mill.

1) Vgl. unsere statistischen Übersichten im Anhang.

Über die Stellung Odessas in der russischen Maisausfuhr orientiert folgende Übersicht:

Maisausfuhr in Mill. Pud.

	Rußland	Odessa	Noworossysk
1911	81,8	42,5	7,7
1912	47	17,1	3,3

1912 betrug nach Russian Yearbook der Wert der Odessaer Maisausfuhr 1,4 Mill. £.

5. Hafer. Die Haferausfuhr spielt überhaupt für die Südhäfen keine Rolle, für Odessa ist sie ganz unbedeutend. Im Durchschnitt 1900/02 bezog Odessa aus Podolien 0,7 Mill. Pud, aus Beßarabien 0,5, aus Cherson 0,2, aus Kursk 0,2 Mill., ferner noch geringere Mengen aus einigen anderen Gouvernements. 1904 rechnete man 28% der Haferausfuhr für Deutschland, 60% für England.

6. Ölsaaten. Schon im Durchschnitt 1849/53 stand Odessa mit 9,1% der Gesamtausfuhr nur an vierter Stelle, nach Riga (28,2%), Petersburg (22,9%) und Archangelsk. 1898 wurde es auch von Noworossysk und Nikolajew übertroffen. Die Ausfuhr nimmt auch mit der zunehmenden Herstellung von Ölkuchen ab. 1910, das eines der besten Jahre für den Ölsaatenexport seit langer Zeit war, gingen 3500 t nach den Niederlanden, 1100 t nach Deutschland, 110 t nach England. Raps und Rüben gehen hauptsächlich nach England, Hanfsaat nach Frankreich.

Über den Ölsaatenexport Odessas und anderer Häfen geben wir folgende Tabelle:

Ölsaatenexport in 1000 Pud.

	Odessa	Nikolajew	Feodosia	Noworossysk	Mariupol	Rostow
1911	460	560	306	2051	117	199
1912	1046	626	231	940	133	121

Von Baumwollsaaten wurden 1911: (1000 Pud) 287, 1912: 384 ausgeführt. Sie gehen nach England und Frankreich, Hanfsaat (46—48 Tsd. Pud), Leinsaat 1911: 34, 1912: 157 Tsd. Pud nach England, Deutschland, Frankreich.

1911 sind nach Odessa mit der Bahn 1683 Tsd. Pud, 1912 816 gebracht worden. Ein großer Teil wird zur Ölkuchenfabrikation verwendet.

6. Ölkuchenausfuhr. Hauptausfuhrort für Ölkuchen ist Noworossysk, das 1911 8,6 Mill. Pud, 1912 11,1, 1913 9,2 ausführte, während die Ausfuhr Odessas um 2 Mill. Pud schwankt. Jedenfalls

hat sich die Ölkuchenherstellung gegen 1880, wo sie nur 68000 Pud betrug, bedeutend gehoben. Damals führte Petersburg 12mal, Riga 6mal so viel aus als Odessa. 1912 Petersburg gegen 4,7 Mill., Odessa 1,6 Mill. Pud, davon 1,5 Mill. Ravison, 1911: 1,9; 1910 2,1; 1909: 1,8; 1908 und 1907 je 1 Mill. Pud. 1906: 1,7 Mill. Pud. Die Ölkuchenausfuhr Odessas nach Deutschland und Holland betrug 1910: 19,2 Tsd. t; nach England 8,6 Tsd. t, nach Frankreich 5 Tsd. t. Mehr als die Hälfte der Ölkuchenausfuhr kann für Deutschland und Holland gerechnet werden.

7. Hülsenfrüchte. In Hülsenfrüchten steht Odessa nach vielen anderen Häfen (der Ostsee), am Schwarzen Meer an erster Stelle.

Über den Odessaer Export an Hülsenfrüchten geben wir folgende Übersichten:

Der Export Odessas betrug in 1000 Pud:

	Bohnen	Stangenbohnen	Erbsen	Linsen
1911	289,5	1124	2640,7	219,6
1912	135	705,7	2443,5	254,7

Dieser Export verteilte sich auf folgende Länder (in 1000 Pud):

	Österr.-Ung.	Amerika	England	Belgien	Deutschland
1911	300	41,4	204,5	84,6	194,3
1912	145,6	38	309,8	63,9	292,1

	Holland	Griechenland	Italien	Rumänien	Türkei	Frankreich
1911	1133	12,2	309,6	1,3	129,1	1918,1
1912	423,3	16,1	285,9	21,8	321,6	1624

Die Mehlausfuhr. Die Mehlausfuhr Rußlands ist unbedeutend im Vergleich zu seiner Getreideausfuhr. Da Odessa fast nur Weizenmehl ausführt, beschäftigen wir uns nur damit. Das Mehl ist im Verhältnis zum Weizen viel zu teuer. Der Durchschnittsweizenpreis war z. B. in New York 1891/95: 20% höher als in Odessa, 1896/1900: 9%, 1901/05: 19%. Dagegen war in Odessa das feinste Weizenmehl 1891/95: 40%, 1900/03: 46% teurer als in New York. Man gibt an, daß Weizenmehl vierten Grades in Odessa mehr kostet als erstgradiges in New York. Das Verhältnis des Mehlpreises zum Weizen ergibt sich aus folgender Übersicht (nach Rubinow):

	New York	Odessa
1891/95	4,97	8,35
1896/1900	4,79	7,41
1901/05	4,67	8,10

Das Verhältnis wird also in New York für den Mehlexport immer günstiger, in Odessa bleibt es mit Schwankungen ziemlich dasselbe.

Als Gründe des hohen Mehlpreises werden angegeben: Die Mühlen sind in Rußland kleiner (nur $\frac{1}{3}$ der amerikanischen), die Handarbeit ist vorherrschend, Maschinen und Heizmaterial sind teurer.

Odessa ist der bedeutendste Ausfuhrplatz Rußlands für Weizenmehl.

Weizenmehlausfuhr in Mill. Pud.

	1904	1905	1906	1907	1908	1909	1910	19 1	1912	1913	1914
Rußland	6,4	5,9	6,1	4	3,2	5,8	6,8	7,4	6,4	10	6,9
Odessa	2,5	2,3	2	1,4	0,9	1,6	2,2	2,6	1,7	3,2	1,1

In Westeuropa ist das russische Mehl nicht konkurrenzfähig. Wir haben oben gesehen, daß die Weizenpreise in Odessa höher sind als in New York. Ferner sind auch die Frachten bedeutend höher.

Das amerikanische Mehl bezahlte für die Strecke New York—Liverpool 1900/05 zwischen 6,1 und 1,8 Kop. p. Pud, das russische Mehl für Odessa—London 9,14 bis 5,30. Außerdem sind die Dampfer von New York nach Plymouth ca. 5 Tage, von Odessa 20 Tage unterwegs. Ferner besteht mit Rußland keine regelmäßige Dampferverbindung, und im Winter sind die Häfen teilweise durch Eis geschlossen, was eine weitere Erhöhung der Frachtkosten bedeutet.

Auch fehlt es in Rußland an einem einheitlichen Mehltyp. Es gibt hier 14 verschiedene Sorten, in Deutschland 8, in der Schweiz 6, in Amerika nur 3. Die russischen Mühlen vermahlen meist Getreide eigener Mischung statt möglichst gleichartiges Korn.

Der Hauptabsatz russischen Weizenmehls erfolgt nach dem nahen Osten.

Rußlands Ausfuhr von Weizenmehl in 1000 Pud.

nach	1905	1906	1907	1908	1909	1910	1911	1912	1913	1914
Türkei.	2167	1864	923	407	1966	2885	2878	2104	4279	1777
Ägypten	779	634	662	519	570	575	447	547	678	235
Persien	496	533	538	220	186	369	1353	1601	1425	1050
Griechenland	9	31	11	7	1	—	—	—	—	—
Summa	3451	3062	2134	1153	2723	3615	4678	4252	6382	3062
überhaupt aus Rußland .	5919	6142	4043	3243	5764	6820	7352	6368	9963	6915
% auf nahen Osten. . .	58,3	49,8	52,7	36,5	49	56,6	63,6	66,6	64	44,3

Der wichtigste Absatzmarkt ist also die Türkei, besonders Konstantinopel, Angora, Trapezunt.

Der türkische Markt verteilt sich folgendermaßen in 1000 Pud:

	1904	1905	1906	1907	1908
Gesamteinfuhr	6000	6300	6500	6800	7000
Rumänien	402	1389	2464	1327	476
Bulgarien	549	896	774	1125	1453
Rußland	2875	2165	1864	929	407
3 Länder zusammen	3826	4450	5102	3381	2336
% Rumänien	7	22	37,9	19,5	6,8
% Bulgarien	9	14,2	12	16,5	20,8
% Rußland	48	34,3	28,6	13,6	5,8
andere Länder	36	29,5	21,5	50,4	66,6

Wie man sieht, dringt auf dem türkischen Markt die Konkurrenz siegreich vor.

Nach ägyptischen Quellen entfielen 1884: 81,1% des nach Ägypten eingeführten Weizenmehls auf Rußland, 1891: 92,7%, von da an sank der russische Anteil, während Frankreich, das bis dahin keine Rolle gespielt hatte, auf dem Markt hochkommt: 1892 entfallen 61,7% auf Rußland, 25,2% auf Frankreich, 1893 kommt noch die engliche Konkurrenz hinzu (1892: 0,7%, 1893: 9,7%).

In 1000 Barrels sind die Zahlen für die kritischen Jahre:

	Rußland	Frankreich	England
1891	74	0,8	0,5
1892	53,3	21,8	0,6
1893	101,3	65,1	20

Um 1900 ist Rußland auf der zweiten Stelle.

Einfuhr von Weizenmehl nach Ägypten. (Nach Rubinow.)

	1900	1901	1902	1903	1904	1905	1906	1907
	in Prozenten							
Rußland	21,7	18,2	20,1	19,7	19,9	13,6	10,5	10
Frankreich	61,8	63,3	69,3	70,1	69,1	64,4	65,4	68
England	11,8	13,4	7,3	2,9	1,2	3,2	7,2	11
	in 1000 Barrels							in Mill. R.
Rußland	121,8	136,1	131,9	150,1	176,3	185,3	177,7	1,37
Frankreich	347,6	474,5	455,5	534,6	612,8	879,2	1096	7,84
England	66,6	100,2	48,3	22,1	10,7	43,6	122	1,18

Trotz des doppelten Transports ist französisches Weizenmehl in Ägypten billiger als russisches. Ein Kul russisches Mehl soll im Durchschnitt 9,8 R. kosten, französisches 8,3 R., englisches 8,2.

An der Steigerung der türkisch-ägyptischen Einfuhr ist Rußland wenig beteiligt. Von 1900 bis 1909 stieg nach französischen Angaben die Weizeneinfuhr von 10,3 auf 46,6 Mill. Fr., die russische von 2,7 auf 3,3 Mill., die französische dagegen von 6,1 auf 30,9 Mill.

Neben der Konkurrenz der hochentwickelten westeuropäischen Mühlenindustrie macht sich auch die rumänische und bulgarische Mehlausfuhr auf dem ägyptischen Markt bemerkbar.

Wir geben darüber folgende Tabelle (nach Selichow):

Einfuhr von Weizenmehl nach Ägypten in 1000 Pud.

	1904	1905	1906	1907	1908
im ganzen	4812	7412	9140	8588	10420
davon aus:					
Rußland	15	779	633	662	519
Rumänien	26	73	570	170	116
Bulgarien	37	104	104	140	25
in Prozenten:					
Rußland	0,3	10,5	6,9	7,7	4,9
Rumänien	0,5	1	6,2	2	1,1
Bulgarien	0,6	1,3	1,1	1,6	0,2

Die weitere russische Einfuhr gestaltete sich folgendermaßen:

	1909	1910	1911	1912	1913	1914
in 1000 Pud	570	575	447	547	678	235

Nach der rumänischen Statistik betrug die Ausfuhr nach Ägypten:

	1907	1908	1909	1910	1911
in Tonnen	2786	1904,3	2266,9	8786,7	21856

Es ergibt sich also eine bedeutende Steigerung gegenüber der stagnierenden Einfuhr aus Rußland.

1912 verteilte sich die Einfuhr von Mais- und Weizenmehl nach der ägyptischen Statistik folgendermaßen:

	England	brit. Mittelmeerländer	brit. Asien	Deutschland	Belgien	Bulgarien	U.S.A.	Frankreich
Tonnen	13739,3	218,5	17230,1	2144,1	303,3	14523,6	3002,9	55987,8
1000 E£	134,1	2,4	180,1	24	9,1	166,7	28,3	598,8

	Griechenland	Holland	Italien	Argentinien	Rumänien	Rußland	Türkei	Summa
Tonnen	6,7	424,9	3412	615,3	19870,7	9207,4	104,7	141675
1000 E£	—	4,7	35	5,9	228,2	112,5	1,1	1535,1

Noch schlechter steht es auf dem ohnehin nicht sehr bedeutenden griechischen Markt, wo die russische Einfuhr gar keine Rolle spielt.

Einfuhr von Weizenmehl nach Griechenland in 1000 Pud.

	1904	1905	1906	1907	1908
im ganzen	90	287	631	331	136
davon aus:					
Rumänien	74	125	65	1	12
Bulgarien	11	141	533	243	41
Rußland	4	8	31	11	7
in Prozenten:					
Rumänien	82,2	43,5	10,3	0,3	8,8
Bulgarien	12,2	49,1	84,4	73,4	30,2
Rußland	4,4	2,8	4,9	3,3	5,1

Der gegebene Markt ist für Odessaer Mehl die Levante. Aber auch hier hat es infolge teurer Frachten schwer zu kämpfen. 1909 war z. B. die Fracht Odessa—Alexandria 4 mal so hoch als Marseille—Alexandria. Es lohnt sich daher, Weizen von Odessa nach Marseille zu bringen und von dort Mehl nach dem Orient auszuführen. Außerdem erhalten die französischen Mühlen noch $3^1/_2$ Fr. p. 100 kg (= 22 Cent. per Pud) Ausfuhrprämie.

Die Fracht von Odessa nach türkischen Häfen soll doppelt so teuer sein als von rumänischen. Daneben gewährt auch Rumänien Ausfuhrprämien in Höhe von 7 Fr. per t, das sind 4,3 Cent. per Pud.

1900 gingen von der Odessaer Weizenmehlausfuhr 774 Tsd. Pud nach Ägypten, 913 Tsd. Pud nach Konstantinopel, 1903 von 40 Tsd. t Mehl 27 nach der Türkei, 9 nach Ägypten, 3 nach England, 1904 von 39,8 Tsd. t: 21,8 nach der Türkei, 12,4 nach Ägypten, 5,6 nach England.

Nach den Angaben der französischen Konsulatsberichte gingen aus Odessa in 1000 t nach der

	Türkei	Ägypten
1909	16,25	8,5
1910	26,6	9,15

und 1910: 4,8 Tsd. t nach Frankreich.

1912 stieg (nach den amerikanischen Konsulatsberichten) die Odessaer Mehlausfuhr nach der Türkei von 0,4 Mill. Pud auf 1,2 Mill. Pud. Die Odessaer Mehlusfuhr nach Ägypten betrug 1911: 416 Tsd. Pud, 1912: 527 Tsd. Pud.

Um der scharfen Konkurrenz zu begegnen, sind auf russischen Eisenbahnen Vorzugstarife mit 15—20% Ermäßigung nach den

Exporthäfen eingeführt. Dies hat allerdings die unerwünschte Wirkung, daß die Odessaer Mühlenindustrie schwer zu kämpfen hat, um mit den durch die Tarife begünstigten Mühlen des Hinterlandes konkurrieren zu können. 1909 waren z. B. von 14 Mühlen in Odessa nur 2 in vollem Betriebe.

Außerdem ist Odessa ein wichtiger Ausfuhrplatz nach anderen Teilen des russischen Reiches.

Die Ausfuhr von Odessaer Weizenmehl betrug nach der russischen Kabotagestatistik in 1000 Pud:

nach	1903	1904	1905	1906	1907	1908	1909	1910	1911	1912
Petersburg . .	1215,1	640	856,1	503,2	381,1	560	448,4	509,1	1055	780,1
Riga.	101,2	56,7	359,8	421,9	289,9	188,1	141,7	78,4	134,4	116
Libau	14,3	16,7	6	7,7	39,6	36,7	72,2	58,6	29,1	43,4
Reval	—	32,9	20	44,8	62,1	96,2	11	7	72,5	—

Dabei wurden allerdings 1911: 55,2 Tsd. Pud Weizenmehl von Reval nach Odessa zurückgebracht. Das nach den baltischen Häfen ausgeführte Getreide geht wohl großenteils weiter nach Finnland, das nächst der Türkei der Hauptabnehmer russischen Weizenmehls ist.

Die Ausfuhr von Weizenmehl aus Odessa nach dem Fernen Osten betrug 1910: 173 Tsd. Pud, 1911: 19 Tsd, 1912: 30 Tsd. Die Ausfuhr erfolgt mit Dampfern der Freiwilligen Flotte.

b) Sonstige Ausfuhrprodukte.

Die Zuckerausfuhr. Odessa liegt für die Zuckerausfuhr sehr günstig, da die Gouvernements Kiew, Wolhynien, Podolien, Cherson die Hälfte der ganzen russischen Zuckerernte[1]) liefern. Im Süden ist es fast der einzige Ausfuhrplatz Rußlands. Die Zuckerausfuhr wird von der Regierung durch Tarifvergünstigungen je nach der Marktlage in Europa und dem Orient reguliert.

Bis etwa 1880 war Odessa Einfuhrplatz für Zucker. Erst seit dieser Zeit geht südrussischer Zucker nach Odessa. Bis zur Gründung der eigenen Zuckerfabrik war der Odessaer Markt durchaus von den Produktionsgegenden abhängig.

Nach Einführung der Ausfuhrprämie von 1 R. per Pud ab 1. Juli 1885 auf ½ Jahr bis 2 Mill. Pud stieg die Odessaer Ausfuhr[2]) so

1) Die Zuckerindustrie Odessas (6 Mill. Pud jährlich) und der nächsten Umgebung ist unbedeutend: 2 Zuckerfabriken in Cherson, 1 in Beßarabien. Im Gouvernement Kiew dagegen werden jährlich 140 Mill. Pud, in Podolien 112 Mill. produziert.

2) 1879 wurden etwa 80 Tsd. Pud ausgeführt. Odessa war damals noch ein ganz unbedeutender Zuckerausfuhrplatz.

rasch, daß die Eisenbahn- und Hafentransportmittel teilweise versagten. Bis 1. Mai 1886 wurde dann die Prämie auf 80 Kop. ohne Beschränkung der Ausfuhrmenge festgesetzt. Vom 1. Juli 1885 bis 1. Juni 1886 wurden 3,7 Mill. Pud Zucker (in der zweiten Hälfte des Jahres 1885 2,8 Mill. Pud) im Werte von 14 Mill. R. ausgeführt, davon 800 Tsd. Pud nach England, ferner nach Persien über Batum, begünstigt durch eigenen Tarif, hauptsächlich nach Italien, nach Einführung der Zollerhöhung in England oft ganze Schiffsladungen.[1]) 1894 ging über ⅔ der Zuckerausfuhr nach Italien, 1895 über 35%, nach England 1894 28%, 1895 50%. Auch das Schwarze-Meer-Gebiet kam bald als Absatzmarkt in Betracht.

In den 90er Jahren bestand auch eine Zeitlang Zuckerausfuhr nach Japan.

Um 1900 verteilte sich die Odessaer Zuckerausfuhr folgendermaßen (in 1000 Pud):

	Italien	Türkei	Persien
1898	1241	845	98
1900	1855	1008	215
1901	377	983	15

Die Zuckerausfuhr nach Westen (Italien, England, Finnland) wurde durch die 1902 in Kraft getretene Bestimmung, daß der südliche Überseetarif[2]) nur für russische Schiffe gelten sollte, eingeschränkt, denn russische Dampfer pflegten die westlichen Häfen nicht aufzusuchen. Nach den griechischen und türkischen Häfen, welche die im südlichen Überseeverkehr fahrenden Dampfer nicht anliefen und für die die Frachten wegen des Umladens in Zwischenhäfen sich erhöhten, nahm er bedeutend ab.

Das Hauptausfuhrgebiet ist damit die Türkei, Ägypten und Persien geworden. In Persien hat der russische Zucker vor allem mit französischem zu kämpfen, der von Marseille über Trapezunt eingeführt wird. Im Gegensatz zum französischen wird bei dem russischen Zucker über schlechte Verpackung geklagt. Andererseits kostete der von Nordpersien eingeführte russische Zucker 1907 1 R. per Pud weniger an Transport als der von Süden kommende Zucker anderer Länder, so daß der Norden eigentlich nur russischen Zucker verbrauchen könnte.

1907 gingen von 2,6 Mill. Pud Zuckerausfuhr Odessas über 2 Mill. nach der Türkei und Ägypten, 1908 bei 5,2 Mill. Ausfuhr 3 Mill.

1) 1887 hatte die Zuckerausfuhr Odessas einen Wert von 10,8, 1888 von 11,3 Mill. R. Mehr als ⅔ der Zuckerausfuhr Rußlands ging damals schon über Odessa.

2) 1900 eingeführt für Ausfuhr nach dem Osten.

nach der Türkei, $^1/_2$ Mill. nach Ägypten, der Rest nach Bulgarien, Griechenland, Belgien.

1907 trat Rußland der Brüsseler Zuckerkonferenz bei, wodurch der englische Markt wieder frei wurde. Die russische Zuckerausfuhr nach England, die allmählich ganz aufgehört hatte, stieg 1908 auf 944 Tsd. Pud und betrug 1911 sogar 12,7 Mill. Pud, 1912 8,9 Mill. Indessen ging der Hauptteil der Ausfuhr über Danzig, nicht über Odessa. Anträge auf Herabsetzung der Eisenbahnfrachten blieben ohne Erfolg. Der südliche Überseetarif kam nicht in Betracht, da russische Dampfer keine Fahrten nach England zu machen pflegten. Indessen soll mit der neuen Dampferlinie Odessa—London—Hull (ab 1912) Anschluß an den südlichen Überseeverkehr gesucht werden, um den russischen Zucker nach Süden abzulenken.

Auf dem ägyptischen Markt hat der französische Zucker den russischen allmählich ganz verdrängt.

1911 kam im südlichen Überseeverkehr zur Hebung der Ausfuhr nach der Türkei und Bulgarien[1]) ein neuer herabgesetzter Tarif zur Anwendung. Während bisher die Frachtkosten für 1—72 W. $^1/_{18}$ Kop., für 73—504 W., 4 + $^1/_{32}$ Kop. per Pud und W., über 504 17,50 + $^1/_{80}$ Kop. über 1344 W. 28 + $^1/_{100}$ Kop. betragen hatten, kostete nach dem neuen Tarif bis 150 W. das Pud $^1/_{24}$ Kop., bis 500 6,25—$^1/_{40}$, bis 1857 15—$^1/_{100}$, über 1857 $^1/_{65}$ Kop. Auch die Dampfschiffahrtsgesellschaften wollten ihre Frachtsätze herabsetzen. 1912 ging die ganze Odessaer Ausfuhr von 4,3 Mill. Pud nach der Türkei, bis auf 50 Tsd. Pud, die nach anderen Ländern gingen. Die Ausfuhr richtet sich nach Konstantinopel, Smyrna, Beyruth. Nach dem Balkankrieg ist der russische Zucker teilweise in der Türkei verdrängt worden.

Odessa ist auch ein bedeutender Zuckerausfuhrplatz nach anderen Teilen Rußlands. Die Ausfuhr erfolgt mit kleiner oder großer Kabotage. Die Zuckerausfuhr mit kleiner Küstenschiffahrt schwankt zwischen 4$^1/_2$ und 7 Mill. Pud. 1900 betrug sie 5,7 Mill., 1910: 6,6 Mill., 1911: 6,4 Mill., 1912: 6,1 Mill. Pud. Die Zuckerausfuhr geht auch nach der asiatischen Küste und von dort nach Persien. Neben Odessa, allerdings in bedeutendem Abstande, entwickelt auch Nikolajew eine Kabotageausfuhr in Zucker: 1901 betrug sie 0,2 Mill. Pud, 1912 dagegen 1,3 Mill. Pud. Mit großer Kabotage geht der Odessaer Zucker nach den baltischen Häfen, vor allem Petersburg.

1) 1908/9 betrug die Ausfuhr russischen Zuckers nach Bulgarien kaum 2% der Gesamteinfuhr wegen des hohen Preises und der unbequemen Verbindung.

Zuckerausfuhr in 1000 Pud.

nach	1903	1904	1905	1906	1907	1908	1909	1910	1911	1912
Petersb.	1176,8	1314	1497,4	891,5	1882,4	1797,1	2410,8	3830,7	2599,7	2535,8
Riga . . .	87	66,9	33,6	55	138,6	157,9	209	214,2	345,6	294,3
Libau . .	5	9,3	7,1	12,5	78,2	16,4	36	66,1	31,6	104
Reval . .	12,5	44,2	30,1	42,4	65,8	157,9	99,2	204,8	262,9	196,1

Odessa versorgt auch Archangelsk mit Zucker.

Die Ausfuhr dorthin betrug in 1000 Pud:

1904	1905	1906	1907	1908	1909	1910	1911	1912
60	61,3	58,4	162,1	74,1	233,2	63	150,3	197,7

Auch liefert Odessa bedeutende Mengen Zucker nach dem Fernen Osten mit der Freiwilligen Flotte:

	1907	1908	1909	1910	1911	1912
nach Wladiwostok (in 1000 Pud)	86,3	188	725,3	873,3	928,6	1083,4
nach Nikolajewsk (in 1000 Pud)	32,4	—	47,8	55,6	50,2	63,4

Odessa führt fast nur weißen Sandzucker aus, von Raffinade- und Meliszucker nur unbedeutende Mengen. Im Auslandsexport liegen die Verhältnisse folgendermaßen:

Odessas Ausfuhr in 1000 Pud	1910	1911	1912
weißer Sandzucker	1105,9	4980,1	4180
Raffinade- und Meliszucker .	158,6	126	132,8

Spiritus. Die Spiritusausfuhr Rußlands wird nur durch die Ausfuhrprämie von 27 Kop. per Wedro 40⁰ Spiritus aufrechterhalten.

Odessa ist allmählich der Hauptausfuhrplatz für Spiritus geworden. 1898 war es mit zwei Fünftel der Gesamtausfuhr Rußlands an zweiter Stelle nach Libau.

1899 und in den folgenden Jahren ging fast die ganze russische Spiritusausfuhr über Odessa:

Spiritusausfuhr in Mill. Grad	1900	1901	1902	1903	1904	1905	1906	1907
Odessa	40,5	41,1	50	67,2	97,1	68,2	66	84,5
Rußland	41,8	41,2	53,7	73,9	183,6	129,9	70,7	86,4

Bis 1908 war Odessa fast der einzige Ausfuhrplatz, seitdem tritt Libau für Ausfuhr nach Deutschland, Holland und England auf.

Die französischen Konsulatsberichte geben über diese Zeit folgende Zahlen:

Spiritusausfuhr in 1000 hl	1906	1907	1908	1909	1910
Odessa	87	104	153,1	178,6	180
Rußland	87,5	107	200	356	410.

Immerhin führt Odessa noch heute etwa die Hälfte des russischen Spiritus aus, während die andere Hälfte über die Ostsee geht:

Spiritusausfuhr in Mill. Grad	1911	1912
Rußland	409	445
Odessa	221,2	208,8
Ostsee	176,4	220,7.

Im Süden ist Odessa der einzige Ausfuhrplatz geblieben.

Der Spiritus kommt aus den Brennereien in Podolien, Kiew und anderen Gouvernements, während die Spiritusindustrie Odessas kaum den Ortskonsum befriedigen kann. 1879 bis 1882 betrug die Zufuhr p. Bahn im Durchschnitt 550000 Pud, die Ausfuhr 1882 420000, 1883 630000 Pud (98 Mill. Grad). 1911 betrug die Eisenbahnzufuhr 493 Waggons, 1912: 653 Waggons.

Die Spiritusausfuhr Rußlands ging in frühen Zeiten auch nach Spanien, dies hörte Mitte der 90er Jahre auf. Ersatz dafür fand sich im nahen Orient. Schon in den 80er Jahren gingen $^3/_4$ der Odessaer Ausfuhr nach der Türkei. 1894 bei einer Gesamtausfuhr von 53,4 Mill. Grad 35,9, 1895 von 51 Mill. 42,4, 1896 von 74 Mill. über 70 Mill., davon 34 nach Konstantinopel, 21 nach Smyrna, 10 nach Samos. Außerdem nach der Levante: Ägypten, den Balkanländern, auch viel auf der Donau nach Bulgarien. Für 1902 wird die Ausfuhr nach der Türkei auf 1124 Tsd. Gallonen angegeben. Um 1905 war die russische Ausfuhr nach der Türkei und den Balkanstaaten durch die lokale Industrie verdrängt. In den Balkanstaaten wurde auch deutscher Spiritus zu geringeren Preisen angeboten. 1909 wurde in der Türkei die Einfuhr von Melasse-Spiritus verboten. Der rumänische Markt war wegen erhöhter Ausfuhrprämien der rumänischen Regierung schwer zugänglich.

Holz. Von der sehr bedeutenden Holzausfuhr Rußlands geht die Hälfte über die Ostsee, ein Viertel über die russisch-deutsche Grenze (weichselabwärts), über das Schwarze Meer nur ein unbedeutender Teil. Die Holzausfuhr Rußlands betrug 1912 (gegen 1911) 428 Mill. Pud (417), davon gingen 208,3 (214,7) über die Ostsee, 123,5 (113,3) über die russisch-deutsche Grenze und nur 6,5 (6,9) über das Schwarze Meer.

Odessa ist Holzausfuhrplatz für das Dnjeprgebiet. Das auf dem Dnjepr verflößte Holz geht teilweise nach Norden über Riga, dem bedeutendsten Holzausfuhrplatz Rußlands, teilweise über Cherson nach Odessa. Odessa bezieht sein Holz aus Krementschug, Tscherkassy, Proskurow, Kamenez-Podolski, ja sogar aus den Gouvernements Poltawa und Kursk. Im Süden ist es der bedeutendste Holzausfuhrplatz. Schon 1880 entfielen auf den Holzexport Odessas 800000 R., auf andere Südhäfen 11000, zusammen 2,7 % der Gesamtausfuhr Rußlands.

Die Höhe der Ausfuhr ist natürlich durch den eigenen Verbrauch bedingt. Daher sank 1898 bei starker Bautätigkeit in Odessa die Holzausfuhr auf die Hälfte.

Odessa führt aus: Eichenschwellen nach Belgien, Italien, Frankreich, Holland, Türkei; Eichenbalken: nach England, der Türkei, Holland; Faßdauben: nach Frankreich England, Holland, Deutschland, Italien, der Türkei; Kiefernbretter: nach der Türkei; Tannenbretter: nach der Türkei, Holland, England, Ägypten, Frankreich; Eichenbretter: nach England, Belgien, Türkei, Frankreich.

Ein sehr starker Abnehmer ist England, vor allem für Eichenholz. 1898 entfielen bei $2^1/_4$ Mill. Ausfuhr darauf 1,06 Mill., ferner Frankreich mit seinen Kolonien, das 1900 1,04 Mill. Pud bezog. Auch Ägypten, wohin 1900 (mit Durchfuhr) 2,8 Mill. gingen.

1909 und 1910 entfielen auf Frankreich je 9,8 Tsd. t Holz, besonders Dauben, wovon es 1909: 90%, 1910: 57% der Gesamtausfuhr erhielt.

Auf die übrigen Hauptabnehmer verteilte sich der Odessaer Export in diesen beiden Jahren nach den französischen Konsulatsberichten wie folgt (in 1000 t):

	Deutschl. u. Holland	Türkei	Belgien	Italien	England
1909	1,8	1,5	15,3	13,4	10,8
1910	31,5	32,5	2,8	10,8	9,1.

Für 1911 und 1912 werden folgende Zahlen gegeben (in 1000 Pud):

	Österr.-Ung.	England	Belgien	Deutschland	Holland	Ägypten
1911	94	265	253	343	1164	173
1912	49	584	508	171	1176	39

	Italien	Türkei	Frankreich	Persien
1911	642	2193	403	—
1912	174	2349	686	60

Allmählich wird der Holztransport nach Cherson wegen der hohen Frachten dnjeprabwärts über die Stromschnellen immer weniger lohnend.

Es besteht ferner ein ziemlich großer Kabotageverkehr in Bauholz, der nach der russischen Statistik folgenden Umfang hatte:

Odessas Kabotageverkehr in Bauholz (in 1000 Pud).

	1900	1901	1902	1903	1904	1905	1906	1907	1908
Zufuhr	3587,3	2610,8	1284,3	760,9	415,5	406,4	366,3	357,1	174,9
Ausfuhr	857,5	747,9	1395,2	1330,4	1672,7	441,2	197,7	160,3	289,8

	1909	1910	1911	1912
Zufuhr	403,7	402,8	267,1	439,5
Ausfuhr	654	750,2	873,3	740,4.

Man möchte annehmen, daß die ab 1902 einsetzende Abnahme der Bauholzzufuhr per Kabotage mit dem Ausbau des Chersoner Hafens zusammenhängt. Dessen Kabotageausfuhr betrug (in Mill. Pud) 1901: 5,2, 1902: 4,2, 1903: 3,7, 1904: 3,3, 1905: 2, 1906: 2,1, 1907: 2,5, 1908: 2,5, 1909: 4, 1910: 3,9, 1911: 4,2, 1912: 4,7. Wir sehen also nach längerer Abnahme am Schluß die Ausfuhrziffer wieder ansteigen, ohne daß dies auf die Odessaer Zufuhr einen Ausfluß ausübt.

Ferner ist Odessa wichtig als Transitplatz für Holz, das dnjestrabwärts aus Galizien und der Bukowina in mindestens 4 Mill. Pud Menge, manchmal über 6 Mill. über Nowoselze und Wolotschisk ankommt, und nach der Levante (Türkei, Griechenland, Ägypten) und Westeuropa verschifft wird. Es handelt sich da um fichtene und tannene Bretter und Latten.

1905 betrug die Durchfuhr 111 Tsd. t; 1906: 108,4 Tsd., davon 38,4 nach Rotterdam, 36,3 nach Alexandria, 6,8 nach Konstantinopel, 4,2 nach Jaffa, 4,7 nach Port Said, 5,4 nach Beirut.

Um 1909 wird über Abnahme der Holzdurchfuhr auf Dnjestr und Pruth wegen hoher Zölle und niederer russischer Bahnfrachten geklagt.

1910 wurden 4455 Waggon Holz à 900 Pud im Transit aus Österreich über Odessa geführt, davon 1600 Waggon nach Alexandria, 800 nach Rotterdam (meist für Deutschland), 270 nach Saloniki, 230 nach Marseille, 200 nach Beirut, 140 nach Tripolis, 130 nach Jaffa, 180 nach Neapel, 110 nach Smyrna usw.

Sehr hinderlich für den Odessaer Holzhandel ist das Fehlen eines Lagerplatzes. Um 1910 wurde beschlossen, einen großen Holzplatz für 50—60 Waggons zu schaffen.

Vieh. Der Odessaer Viehexport umfaßt Hammel und Schafe, wofür es der Hauptausfuhrplatz ist, sowie Pferde, die aber in weit größerem Maße über die russisch-preußische Grenze, die Ostsee, die russisch-österreichische Grenze gehen.

Das Ausfuhrverhältnis war folgendes:

Pferdeausfuhr in Stück. (Nach „обзоры".)

	1910	1911	1912
Odessa.	2597	2625	4935
russisch-preußische Grenze . .	69269	68329	65093
Ostsee	13740	13017	13718
russisch-österreichische Grenze	3849	5949	5021.

Auch die Geflügelausfuhr geht heute mehr über andere Grenzen:

Geflügelausfuhr in 1000 Stück. (Nach „обзоры".)

	1910	1911	1912
Odessa	29	14,5	—
russisch-preußische Grenze . .	2189	2360,5	2026,4
russisch-österreichische Grenze	592	583,3	770,9.

Früher fand ein ziemlich starker Export von Rindvieh über Odessa statt, vor allem nach der Türkei, Malta, Ägypten.[1]) Noch 1884 wurde für 4,2 Mill. R. ausgeführt. 1888 wurden noch über 20000 Stück Hornvieh, über 83000 Stück Kleinvieh, 244000 Stück Federvieh im Gesamtwerte von 2,23 Mill. Mark ausgeführt. Jetzt geht infolge des Mehrbedarfs in Moskau und Warschau das Vieh aus den ehemaligen Lieferungsbezirken Odessas dorthin. Schafe werden nach der Türkei, von dort nach Frankreich, ferner unmittelbar nach Frankreich, Griechenland, Ägypten ausgeführt.

Geflügel geht meist nach Frankreich: 1898 von 648000 Stück 238000, 1902 von 993200 226000, viel auch über Marseille nach Spanien.

Pferde gehen nach der Türkei, auch Griechenland, Bulgarien, Ochsen und Kühe nach der Türkei. Schweine und Kälber werden nicht ausgeführt.

Seitdem schnelle Güterzüge für Viehausfuhr aus Südrußland nach Libau eingerichtet sind, ging die Viehausfuhr Odessas sofort zurück. Für den englischen Markt ist das südrussische Vieh im allgemeinen zu geringwertig, so daß der Absatz nicht groß ist.

Während früher Odessa der einzige Viehausfuhrplatz des Schwarzen Meeres war, zeigt sich jetzt eine erhebliche Differenz zwischen der Odessaer Ausfuhr und der des Schwarzen Meeres.

Auf Grund der amtlichen Statistik beträgt die Ausfuhr:

Lebendes Geflügel in 1000 Stück.

	1905	1906	1907	1910	1911	1912
Odessa	152,2	308	148,6	29	14,5	—
Schwarzes Meer	152,2	314,5	152,9	75	46,4	—

1) Nach Ägypten zur Verpflegung der englischen Truppen.

Ausfuhr von großem Hornvieh in Stück.

	1905	1906	1907	1910	1911	1912
Odessa	3748	1497	834	374	982	1062
Schwarzes Meer	4853	7093	2454	1816	2458	1968.

Ausfuhr von Pferden in Stück.

	1905	1906	1907	1910	1911	1912
Odessa	318	1841	2123	2597	2625	4935
Schwarzes Meer	320	3566	3394	2811	3120	10885.

Dagegen hat sich Odessa als Ausfuhrplatz für Hammel und Schafe behauptet.

Ausfuhr von Hammeln und Schafen in Stück.

	1905	1906	1907	1910	1911	1912
Odessa	16837	14399	10223	2083	9650	6659
Schwarzes Meer	16840	14410	11753	2085	9654	6659.

Wolle. Odessa war früher der bedeutendste Wollausfuhrplatz Rußlands, infolge seiner günstigen Lage inmitten der zahllosen Herden der Krim, Chersons, Beßarabiens. 1814 betrug seine Wollausfuhr erst 3000 R., bis 1832 stieg sie auf über 1 Mill., 1835 3,36 Mill., 1861 wurde für 10 Mill. R. S. (über 30 Mill. Mark) ausgeführt. Wolle war neben dem Getreide der wichtigste Ausfuhrartikel. Infolge der wachsenden Konkurrenz anderer Erdteile wurde die Ausfuhr unlohnend, Getreidefelder traten an die Stelle der endlosen Steppen. Was noch produziert wurde, wurde von der immer weiter sich entwickelnden russischen Industrie in Moskau und Lodz aufgenommen.

Immerhin betrug die Wollausfuhr Odessas im Durchschnitt 1880 bis 1883 noch 3 bis 4 Mill. R. meist ungewaschene Wolle, 1888 noch 3,4 Mill. R. Hohe Preise konnten vorübergehend die Ausfuhr steigen lassen, z. B. 1898 in ganz Rußland. 1890 betrug die Wollausfuhr Odessas 3400 t, 1909 nur noch 1170 t, 1910: 660 t.

Der Anteil Odessas an der Wollausfuhr Rußlands ist heute sehr unbedeutend. Er betrug 1911: 6%, 1912: 4½% der Gesamtausfuhr. Der größte Teil der Wollausfuhr geht über die Ostsee: 1912 von 1176 Tsd. Pud 666,4.

Ein kleiner Teil der Odessaer Wollausfuhr geht ev. auch zu Lande, so daß 1912 die Odessaer Wollausfuhr mit 55,7 Tsd. Pud etwas größer war als die des Schwarzen Meeres (55,3). 1907 und 1908 wurden je 4000 Pud Wolle nach Odessa eingeführt.[1])

Die Richtung der russischen Wollausfuhr hat sich übrigens geändert.

1) Die russische Wolleinfuhr betrug 1891: 0,6 Mill. Pud, 1906: 1,8 Mill. Pud.

Einer der Hauptabnehmer, Nordamerika, verschloß seinen Markt Mitte der 70er Jahre durch hohe Schutzzölle.

Österreich, das früher viel russische Wolle abnahm, bezieht nur noch wenig, das meiste geht nach England, wenigstens in neuerer Zeit; 1884 von 73000 Pud 27000 nach England, je 20000 nach Frankreich und Deutschland, 6000 nach Österreich, 1895 schon von 144000 128000 nach England, 1898 von 125000 80000, 1900 von 125000 86000.

Nur gewöhnliche Qualitäten zur Teppichfabrikation werden noch ausgeführt. Bessere Sorten haben im Inlande einen höheren Preis als im Auslande.

B. Der Einfuhrhandel.

Allgemeines. Der Einfuhrhandel Rußlands leidet unter dem Zollsystem[1]), das besonders die Einfuhr von Industrieprodukten fernzuhalten sucht. Die Zölle werden nach Gewicht berechnet, so daß die groben, verhältnismäßig geringwertigen Gegenstände von der Einfuhr ausgeschlossen werden. Die feineren und leichteren Sachen aber können den Eisenbahntransport tragen, der kürzer und sicherer ist.

Odessa ist der gegebene Einfuhrhafen für die Produkte des Orients und der Mittelmeerländer. Es hat in dieser Hinsicht eine gewisse historische Berechtigung. Kurz nach seiner Gründung wurden die Quarantänestationen in Cherson und Nikolajew aufgehoben, wodurch die ausländischen Schiffe gezwungen wurden, in Odessa Aufenthalt zu nehmen. Später wurde es durch das Freihafenprivileg der gegebene Einfuhrplatz. Der Einfuhrbezirk Odessas reichte von Beßarabien bis zum Kaukasus. 1873 gingen 84% der Einfuhr der Südhäfen und fast die gesamte Einfuhr des Schwarzen Meeres über Odessa. 1884 betrug die Einfuhr des Schwarzen Meeres 46,8 Mill. R. Davon kamen auf Odessa 39,6, auf Sebastopol 6, auf Nikolajew 0,8, auf die übrigen 0,3.

Durch die Bahn Rostow—Wladikawkas (1875) machte sich der Kaukasus zunächst von Odessa unabhängig.

Nach Ausbau des Eisenbahnnetzes war Odessa insofern ungünstig gestellt, als die Tarife die Ausfuhr über die Westgrenze

1) Außer durch das Zollsystem wird die russische Industrie auch durch Prämien, Kredite und Regierungsaufträge unterstützt, dadurch die Einfuhr immer weiter eingeschränkt. — Die englischen Konsulatsberichte berechnen den durchschnittlichen Zoll auf englische Einfuhrgüter nach Odessa auf 131% des Wertes.

oder die Ostseehäfen begünstigten. Waren aus der Levante gingen über Triest oder Warschau und sogar von Triest nach Riga, Reval, Petersburg. Erst um 1880 fanden Verhandlungen der Russischen Handels- und Dampfschiffahrtsgesellschaft und der Südwestbahnen statt, um Odessa sein natürliches Einfuhrgebiet, Südrußland, zu sichern.

Die Einfuhr Odessas leidet ferner unter der schlechten Bahnverbindung. Mit Kijew, der zweitwichtigsten Stadt der Ukraine und seinem natürlichen Absatzzentrum, ist Odessa noch heute nicht durch eine direkte Eisenbahn verbunden. Noch heute ist die Verbindung nach Moskau schwierig und steht auf demselben Standpunkt wie vor Jahrzehnten. Auch Petersburg und Polen sind schwer von Odessa zu erreichen. Durch die neue Bahn Odessa—Bachmatsch wird die Verbindung mit Petersburg und Moskau, nicht aber mit Kijew verbessert.

Da der Einfuhrbezirk Odessas viel größer als der Ausfuhrbezirk ist, hängen Aus- und Einfuhr nur sehr lose zusammen. In Jahren der Mißernte, die ja meist nicht so große Gebiete betreffen, nimmt die Einfuhr viel weniger ab als die Ausfuhr. Man kann sogar als Regel aufstellen, daß eine annähernde Gleichheit von Aus- und Einfuhr oder das Überwiegen der Einfuhr Krisenjahre (z. B. 1880/81) anzeigt.

Die 1887 erfolgte Differenzierung der Zölle für Einfuhr zur See und über die westliche Landgrenze hat die Einfuhr Odessas schwer geschädigt. Ferner kommen auch Gründe der Verwaltung in Betracht, die dem Einfuhrhandel schädlich sind. So wird berichtet, daß die Spesen des Odessaer Zollamts teilweise so hoch sind, daß der Vorteil des billigen Seeweges dadurch größtenteils aufgehoben wird, und bei Landtransporten Verzollung oft, z. B. bei Eisen, in den Grenzzollämtern stattfindet. Besonders sollen natürliche Farben über andere Südhäfen mit geringeren Spesen eingeführt werden.

Die Einfuhr der anderen Schwarzen-Meer-Häfen ist vorläufig noch unbedeutend. Immerhin machte sich von 1907 ab das Bestreben geltend, Kolonialwaren und Chemikalien für eigenen Bedarf direkt zu beziehen.

1914 betrug die Einfuhr Nikolajews 2,59 Mill. R., darunter (in 1000 R.) Maschinen und -teile 855, landwirtschaftliche Maschinen 276, Eisen und Stahl 346, Kohlen 276, Heringe 182, Roheisen 158.

Wie sehr auch der Einfuhrhandel Odessas zurückgeht oder richtiger stillsteht, während andere Häfen zunehmen, ergibt sich daraus, daß auf Odessa von der Einfuhr des nördlichen Schwarzen

Meeres entfielen: 1897/1901: 84%, 1902/06: 82%, 1908/09: ca. 80%. 1911 sind 80% der südrussischen Einfuhr in Odessa verzollt worden, 20% in Rostow, Wolotschysk, Noworossysk, Batum, Nikolajew.

In weit höherem Maße ist Odessa im Verhältnis zum gesamtrussischen Einfuhrhandel zurückgegangen. 1897/1901 deckte es 10,4%, 1902/06: 8%, 1907: 6,5%, 1908: 5,5%, 1911: 5,3% der Einfuhr.

Die Einfuhr der Ostseehäfen ist von 1900 bis 1912 von 241 Mill. R. auf 383 Mill. gestiegen, darunter Riga von 32 auf 99 Mill., Petersbung von 108 auf 157, Reval von 42 auf 71. Die Einfuhr über die russisch-deutsche Grenze ist von 192 auf 436 Mill. R. gestiegen. In der gleichen Zeit ist der Import des Schwarzen Meeres nur von 62,9 auf 63,6 Mill. R. gewachsen, die Einfuhr Odessas von 59,8 auf 55,2 Mill. R. zurückgegangen.

Im Odessaer Einfuhrhandel wird immer deutlicher das Bestreben kenntlich, die Zwischenglieder auszuschalten, mit den Rohstoffgebieten direkt und nicht durch Vermittlung Hamburgs und Londons zu verkehren, was bei den guten Dampferverbindungen, wie sie vor dem Kriege bestanden, auch durchaus im Bereich der Möglichkeit lag. Immerhin kam auch in der letzten Zeit die Haupteinfuhr aus Deutschland, England und Nordamerika, großenteils im Transit.

Von den Einfuhrländern[1]) ist England am günstigsten gestellt, da seine Fabriken größtenteils nur kurze Eisenbahnstrecken zum Verschiffungshafen haben. Außerdem hat es in der Steinkohle eine Rückfracht, die die Getreidefrachten stark verbilligt. Deutschland hat den Vorzug der nahen Lage, der es besonders für eilige Bestellungen qualifiziert, die gegebenenfalls auf dem Landwege ausgeführt werden können. Dagegen sind die deutschen Fabriken weit im Innern gelegen, wodurch der Bahntransport stark verteuert wird. Unterstützt wird die deutsche Einfuhr durch durchgehende Tarife (Levante-Tarif), die deutschen Banken und die deutsche Angewohnheit, sich den Wünschen der Käufer anzupassen (Kataloge).[2]) Für Südrußland und Odessa kommt noch der Umstand hinzu, daß die deutschen Kolonisten die deutschen Waren bevorzugen.

Von der italienischen Einfuhr Rußlands geht ein Viertel, besonders Schwefel und Marmor über Odessa, von der französischen Einfuhr die Hälfte.

1) Vgl. die Tafeln im Anhang.

2) Die deutsche Angewohnheit, sich durch weitgehenden Kredit Geschäfte zu sichern, ist mit Rücksicht auf unzuverlässige Elemente im südrussischen Handel nicht unbedenklich.

Um eine Vorstellung von der Wichtigkeit der verschiedenen Einfuhrgüter für den Odessaer Handel zu geben, fügen wir (nach den französischen Konsulatsberichten) ein Verzeichnis der hauptsächlichsten Einfuhren mit Mengen- und Wertangaben an: 1912 wurden eingeführt: Baumwolle (aus Ägypten und Indien) 14350 t = 26,5 Mill. Fr., Kopra (aus Ost-Indien) 25,2 Tsd. t = 14¼ Mill. Fr., Tee (aus China und Ceylon) 4200 t = 12,3 Mill. Fr., Orangen und Zitronen (Italien und Türkei) 36,7 Tsd. t = 7,35 Mill. Fr., Nüsse (Türkei), Erdnüsse (Senegal) zusammen 12 Tsd. t = 6,15 Mill. Fr., landwirtschaftliche Maschinen (Nordamerika und Großbritannien) 5,7 Tsd. t = 6½ Mill. Fr., Gewürze 3,2 Tsd. t = 4,7 Mill. Fr., Kaffee 2,6 Tsd. t = 3¾ Mill. Fr., Kork (Portugal und Algier) 5,9 Tsd. t = 3,55 Mill. Fr., Weine und geistige Getränke (Frankreich) 956 t = 3,8 Mill. Fr., Jute 9,5 Tsd. t = 5,36 Mill. Fr.

Baumwolle. Der wichtigste Einfuhrartikel Odessas ist die Baumwolle. Schon 1833 wurden davon 44000 Pud eingeführt. Dann nahm dieser Artikel infolge der Eisenbahntarifpolitik seinen Weg nach Triest, von dort nach Warschau, Riga, Reval, Petersburg. Nach Eröffnung des Suezkanals, der die Einfuhr ostindischer Baumwolle begünstigte, wurde die Baumwolleinfuhr wieder in ihre alten Wege zurückgelenkt. 1870 betrug sie für Odessa 10,2 Tsd. Pud, 1873 256,5 Tsd., 1874 299,1 Tsd., 1875 585,6 Tsd., 1878 230 Tsd. = 1,6 Mill. R., 1879 643 Tsd. = 5,1 Mill. R., 1880 646 Tsd. = 5,8 Mill., 1881 1346 Tsd. = 12,1 Mill. R. Diese Zunahme erfolgte auf Kosten des Transports über die Landgrenze, dort sank die Zufuhr von 42% im Jahre 1870 auf 17% 1875, hier stieg sie von 1% auf 12% im gleichen Zeitraum, während die Einfuhr der Osteehäfen gleichfalls stieg von 57 auf 71%.

Früher wurde auch viel Baumwollgarn eingeführt, wie indessen in ganz Rußland die Einfuhr infolge Entwicklung der eigenen Industrie 1882 gegen 1880 um 70% abnahm, so wurde auch in Odessa, wo 1881 eine bedeutende Baumwollspinnerei eröffnet wurde, in diesem Jahre für 0,7 Mill. R. gegen 1,1 Mill. 1880 eingeführt.[1])

1894 wurden die Zölle, die bis dahin auf die t Baumwolle bei Seeeinfuhr um 15 Kop. Gold geringer gewesen waren, ausgeglichen. Infolge der Veränderung des Zolltarifs, zu der eine Veränderung des Eisenbahntarifs hinzukam, stieg die Zufuhr über die Land-

1) In den letzten Jahren hat die Einfuhr von Baumwollgarn in Rußland wieder zugenommen.

grenze, und die amerikanische Baumwolle verdrängte die in Odessa eingeführte ägyptische. 1898 betrug die Baumwolleinfuhr ein Drittel des Gesamtwertes der Einfuhr (17 Mill. R. gegen 14,2 im Vorjahre und 9,75 1896). Die bedeutende Zunahme erklärt sich aus dem steigenden Bedarf der Spinnereien um Lodz, und dem Übereinkommen der österreichischen und russischen Eisenbahnen, für Transport über Odessa und Triest. Gegenüber den 2,8 Mill. Pud, die damals über Odessa gingen, wurden nur 83000 über Triest und 1,24 Mill. über Deutschland nach Alexandrowo befördert.

Die Rohbaumwolleinfuhr Rußlands ist von 1900 auf 1912 von 10,3 Mill. Pud auf 11 Mill. gestiegen, dem Wert nach dagegen von 68 auf 94,3 Mill. R. Die Baumwolleinfuhr Odessas ist von 655 Tsd. Pud 1900 auf 876 Tsd. 1912 gewachsen.

Über Odessa wird hauptsächlich ägyptische, aber auch ostindische Baumwolle eingeführt. Sie geht von hier weiter nach dem Lodzer Fabrikbezirk.

Der Baumwollhandel ist in englischen und deutschen Händen.

Sehr bedeutend ist auch die Zufuhr an Rohbaumwolle mit kleiner Kabotage, die aus Transkaukasien kommt. Sie ist von 1900 auf 1912 (in 1000 Pud) von 781,4 auf 1050 gestiegen, ist im übrigen aber sehr schwankend.

Tee. Die Teeeinfuhr erfolgte um 1880 hauptsächlich als Transitgut in verschlossenen Wagen nach Moskau und Nishni-Nowgorod. Um 1883—1885 gingen 35% des Tees, 1886 41%, 1887 63% über Odessa. 1887 wurden Differentialzölle eingeführt, wodurch die Einfuhr chinesischen Tees über Odessa zugunsten des Landweges stark abnahm: von 3,7 Mill. R. 1886 auf 0,76 1888. Dafür nahm die Einfuhr von Ceylontee zu.

Die Teedurchfuhr betrug 1892 620 Tsd. Pud, 1893 808 Tsd., 1894 953 Tsd., 1895 997 Tsd. = 40% der Gesamteinfuhr Rußlands. (2½ Mill. Pud, 1½ Mill. schwarzer Tee und 1 Mill. Ziegeltee.)

1894 wurde der Tarif für Teebeförderung Odessa—Moskau erhöht, so daß der Teebezug über Königsberg 80% billiger als über Odessa war. Trotzdem nahm die Einfuhr über Odessa nicht ab.

1896 gingen 1 Mill. Pfund teils direkt, teils über London nach Odessa, 1897 2 Mill. Pfund. 1899 verteilte sich die Teeeinfuhr Rußlands auf die einzelnen Grenzen so, daß (in Tsd. Pikuls à 60½ kg) über Odessa 195, davon 190 schwarzer Tee, über Kiachta 538, über die russische Mandschurei 137 gingen. Infolge der Differenz des Zolls, der bei Landeinfuhr 13 R. Gold per Pud, über die europäische Grenze

21 R. kostete, fürchtete man bei Eröffnung der sibirischen Eisenbahn ein Abwandern des leichten und hochwertigen Tees auf die Eisenbahn. Da der Tee eine der wenigen Rückfrachten für die Schiffe der freiwilligen Flotte bei dem Handelsverkehr mit dem Fernen Osten darstellte, wurde zur Verhinderung dessen der Zoll über die asiatische Grenze auf 22½ R. gehöht, über die Seegrenze auf 11¼ R. vermindert. Infolgedessen ging die Teeinfuhr über Sibirien auf 21 Mill. russ. Pfund zurück, während über Odessa 27,4 Mill. gingen, natürlich meist Durchfuhr.

Um 1899 begann Odessa seinen Teehandel auf Kosten Moskaus, des bisherigen Zentrums, auszubreiten. 1899 wurde für 2,56 Mill. R. Tee eingeführt, in Odessa sortiert, umgepackt und weiter versandt. Die Einfuhr chinesischen Tees über Odessa nahm ab, besonders wegen der billigeren Frachtrate der ostchinesischen Bahn. Dafür nahm die Einfuhr von Ceylon-Tee zu, so daß um 1902 35—50% des in Odessa eingeführten Tees aus Ceylon stammen sollten. Dieser Tee wurde von den Dampfern der freiwilligen Flotte eingeführt. Die Vermittlung Hamburgs und Londons nahm immer mehr ab. 1903 wurde der Zoll über die europäische Grenze auf 31½, über die asiatische auf 25½ R. p. Pud festgesetzt, als Repressalie gegen England, das seinen Markt dem russischen Zucker verschlossen hatte. 1908 wurde die Zollerhöhung aufgehoben.

Während des russisch-japanischen Krieges ging die Teeinfuhr größtenteils über Odessa, aber von den 1½ Mill. Pud, die über die verschiedenen Häfen Rußlands eingeführt wurden, wurden ⅔ erst in Moskau verzollt. Bereits 1906 ging die Teeinfuhr Odessas und Rostows zurück. 1912 stand Odessa mit 260000 Pud verzollten Tees an 2. Stelle (nach Moskau).

Die Teedurchfuhr von Odessa nach Moskau ist allmählich bedeutend gesunken von 1908 bis 1912 von 205 Tsd. auf 20,5 Tsd. Pud, während die Einfuhr von 244 auf 276 Tsd. Pud gestiegen ist. Wie horrende die Zollbelastung ist, ergibt sich daraus, daß 1908 bei 4,4 Mill. R. Einfuhrwert die Zollbelastung 7,7 Mill. R., 1912 bei 5 Mill. R. 8 Mill. R. betrug.

Andere Kolonialwaren. Um 1880 kam nur London für Lieferung von Kolonialwaren in Betracht. Der Bezug über Hamburg war durch unregelmäßige Schiffsverbindung behindert. Allmählich gelang es Hamburg, sich für einzelne Artikel den Absatz zu sichern, so vor allem für Reis. Gegen Ende des Jahrhunderts machten Triest und Fiume starke Konkurrenz. Sie waren vor allem durch schnellere Verbindung (14 Tage Fahrt gegen 3 Wochen von Hamburg) begünstigt. Ferner sollten sie infolge vollkommnerer Schälmaschinen bessere Qualitäten liefern, so daß es ihnen gelang, den Markt zu erobern. Auch die Firmen anderer Länder (Niederlande und Rumänien) konnten sich an der Lieferung beteiligen. Der in Odessa eingeführte Reis kommt meist aus Persien, nur ausnahmsweise aus Birma.

Ebenso ist die Kaffeelieferung, die sich Hamburg neben England gesichert hatte, durch Konkurrenz stark eingeschränkt worden. Nur für feinere Sorten kommt Hamburg in Betracht, für mittlere Sorten Triest, für billige London.

Früher wurden auch Gewürze über Hamburg bezogen, das z. T. billiger lieferte als London, z. B. Zimt 1898 für $12\frac{1}{2}$—14 R. per Pud gegen London 14 und $15\frac{1}{2}$. Jetzt werden Gewürze meist direkt bezogen aus Jamaika, Hongkong, Singapore, was eine große Frachtersparnis darstellt. Londoner Makler haben sich wenigstens die Vermittlung für den überseeischen Bezug gesichert, was die Hamburger Kaufleute verabsäumt haben. Nur Chinin ist Hamburg geblieben.

Ein sehr wichtiger Einfuhrartikel ist Kopra, die zur Herstellung von Ölkuchen verwendet wird. Schätzungsweise wird die in Odessa verarbeitete Menge auf 25 Tsd. t angegeben.

Gemüse und Früchte. Odessa ist der Haupteinfuhrplatz Rußlands für frische Früchte und Gemüse. Früher hatte es eine große Bedeutung für den Bezug getrockneter Früchte[1]). Seit der Zollerhöhung vom 1. Januar 1897 hat die Einfuhr bedeutend abgenommen: von 1555 Tsd. Pud 1896 auf 81 Tsd. 1898.

1898 ging gegen 1897 die Einfuhr frischer Früchte (Apfelsinen und Zitronen aus Italien) von 1430 auf 647 Tsd. Pud zurück. 1900 wurde der Zoll auf Früchte und Gemüse um 50% erhöht, so daß er manchmal dem Wert der Ware gleichkam. Trotzdem hat die Einfuhr von Früchten sich nicht vermindert, dagegen die von Gemüse seitdem stark abgenommen.

1912 kamen von 2,4 Mill. Pud in Rußland eingeführter Zitronen 1,1 Mill. auf Odessa, an Apfelsinen von 3,4 Mill. Pud 1,4 Mill. Pud. Diese Früchte kommen größtenteils aus Italien, auch aus Frankreich und der Türkei. Nüsse kommen besonders aus der Türkei und Griechenland, zu geringem Teile auch aus Italien und Frankreich.

---

1) 1894 wurde der Zoll auf Korinthen abgeschafft, 1893 betrug die Einfuhr 440 Tsd. Pud, 1894 600 Tsd., 1895 800 Tsd.

Drogen, Chemikalien, Apothekerwaren. Für Drogen sind Hamburg, London, Marseille, Triest die Hauptverschiffungsplätze. Deutschland liefert vor allem technische Drogen und Materialien. Sogen. Patentmedizinen kommen meist aus Frankreich. Amerika macht große Anstrengungen, sich den Markt zu erobern. Auch britische, französische und Schweizer Firmen suchen ihre Lieferungen zu erweitern, aber ohne Erfolg. Ferner haben sich russische Fabriken seit Einführung des letzten Zolltarifs bemüht, einzelne chemische Artikel selbst herzustellen, aber mit wenig Erfolg.

Chemikalien und Drogen (Farben, Salze, Säuren, Mineralwasser) sind nächst Eisen die Haupteinfuhr Deutschlands nach Odessa. Deutschland liefert vor allem leichte (technische) Chemikalien, während schwere (Talkum) meist aus London und Antwerpen kommen.

In welcher Weise der deutsche Absatz steigt, beweist die Tatsache, daß das bedeutendste Großeinfuhrhaus für Drogen und Chemikalien, das in deutschen Händen ist, 1901 1,1 Mill. R. Jahresumsatz hatte, 1906 1,8, 1911 3,2 Mill. Deutschland beherrscht vor allem deshalb den Markt, weil es außer seiner leistungsfähigen Industrie und seiner sorgsamen Bearbeitung des Marktes infolge größerer Nähe schneller liefern kann, so daß es auch bei gleichen Preisen bevorzugt wird. Außerdem sind die meisten großen Geschäfte in deutschen Händen oder unter deutscher Verwaltung, so daß das Deutsche die Verkehrssprache des Drogenhandels geworden ist.

Nur leichte und teure Drogen kommen per Post, die anderen zur See über Hamburg und Bremen.

In steigendem Maße macht sich in letzter Zeit das Bestreben bemerkbar, direkt mit den Ursprungsländern Ostasien, Amerika, Afrika in Verkehr zu treten, vorläufig noch durch Hamburger und Londoner Vermittlung, die man aber allmählich auszuschalten sucht.

Ein ziemlich bedeutender Teil des Chemikalienbedarfs Odessas wird mit großer Kabotage über die Ostseehäfen gedeckt. Die Chemikalieneinfuhr aus Riga stieg von 1903 bis 1912 von 29400 auf 64400 Pud, aus Petersburg von 19600 auf 41500 Pud.

Farben. Odessa versorgte früher ganz Südrußland bis Kiew und Moskau mit Farben. Wegen der großen Entfernung von den russischen Farbenfabriken herrschten ausländische Farben noch mehr als im übrigen Rußland in Odessa vor. Manchmal wurden sie zu niedrigem Frachtsatz als Ballast befördert. Aber auch die Frachtrate von der Ostsee war sehr niedrig: 30 Kop. per Pud. Bei dem äußerst hohen Zoll, z. B. auf Lackfarben ging die Einfuhr zurück. In Rußland wurden deutsche Zweigfabriken begründet, z. B. zwei deutsche Fabriken für Ultramarin in Riga und Petersburg.

Die Farbeneinfuhr nach Odessa aus Ostseehäfen, die mit großer Kabotage erfolgt, ist ziemlich bedeutend. Der Import aus Riga stieg von 1903 auf 1912 von 66900 Pud auf 97200. Der Petersburger Import betrug 1912: 64500 Pud.

Deutschland liefert vor allem Anilin- und Zinnoberfarben, ferner lithographische Farben, die wegen guter Qualität trotz höheren Preises bezogen werden.

Bleiweiß, daß früher viel aus Deutschland kam, wird jetzt in Rußland meist selbst hergestellt. England lieferte nach Odessa 1900 für 4,75—5,40 per Pud, Deutschland für 4—4,85, Frankreich für 4—4,70. Russische Farben kosteten dagegen 3,6—4,6 R.

In Zinkweiß deckt hauptsächlich Frankreich die Einfuhr.

Steinkohlen. Die Steinkohleneinfuhr hatte vor allem als Frachtausgleich eine große Bedeutung. 1878 wurden für 14,7 Mill. M. eingeführt. 1880 betrug sie $^2/_3$ der Gesamteinfuhrmenge. 1882 wurden 19 Mill. Pud eingeführt = 4 Mill. R. Der Durchschnitt betrug um diese Zeit 17 Mill. Pud, davon entfielen $3^1/_2$ Mill. auf die Dampfer, $4^1/_2$ Mill. auf die Südwestbahnen, $6^1/_2$ Mill. auf die Stadt und ihre Industrie, $2^1/_2$ Mill. auf die Umgebung. Der Verbrauch russischer Kohlen, die mit Küstenschiffen herangebracht wurden, betrug damals nur 2% der ausländischen (englischen) Kohle. 1884 wurde der Kohlenzoll auf 2 Kop. Gold per Pud festgesetzt, was vorübergehend eine Einschränkung der Einfuhr herbeiführte. 1896 wurde ein Differentialzoll eingeführt, $1^1/_2$ Kop. für die Ostsee[1]) und die Westgrenze, 6 Kop. für die Schwarze-Meer-Grenze. Da ein großer Teil für die damals bereits verstaatlichten Eisenbahnen, ein ebenso großer für die damals fast nur von Staatsaufträgen lebende russische Industrie

1) War die Ostsee dadurch schon begünstigt, so noch vielmehr durch einen willkürlichen Tarif für die Donjezkohle, die nach Libau, Reval, Gatschina für $^1/_{25}$ Kop. p. Pud und W., dagegen nach den Schwarze-Meer-Häfen für einen erheblich höheren Tarif befördert wurden, so daß angeblich die Kohlen des Moskiewer Werkes 355 mal teuer nach dem 118 W. entfernten Schwarzen Meer als nach der 750 W. entfernten Ostsee transportiert wurden.

verbraucht wurde, floß in Wirklichkeit der größte Teil der daraus sich ergebenden Einnahmen aus einer Staatskasse in die andere. Der Zweck, den inländischen Kohlenbergbau zu heben, wurde allerdings erreicht. Bei der großen Entwicklung der russischen Industrie machte sich aber die Kohlennot mitunter so fühlbar, daß Ausnahmegesetze für Bezug ausländischer Kohlen zu herabgesetztem Zollsatz erlassen wurden. 1899 stieg die Einfuhr ausländischer Kohlen auf das Fünffache des Vorjahres. Bei den hohen Preisen konnten auch schlesische Kohlen (20—24 Kop. per Pud) mit der Eisenbahn eingeführt werden. Ende 1899 wurde dann der Bezug von 6 Mill. Pud für 1½ Kop. Zoll für Private, später auch für Dampfer- und Eisenbahngesellschaften gestattet. 1902 wurde der Kohlenzoll erhöht, so daß die Einfuhr von 97200 t auf 17600 zurückging. Eine weitere Zollerhöhung fand 1912 statt. Trotzdem wurde die Steinkohleneinfuhr Odessas 1913 auf 12 Mill. R. bewertet.

Die Donjezkohle ist trotz der verhältnismäßig geringen Entfernung durch den Transport sehr verteuert. Bei 8—11 Kop. p. Pud in Mariupol beträgt der Kohlenpreis in Odessa 15½—17½ Kop.

Die Kohlenausbeute Rußlands ist von 1908 bis 1912 von 1581,4 Mill. Pud auf 1877 Mill. = + 19%, der Verbrauch dagegen von 1851 Mill. auf 2246 Mill. = + 21,4% gestiegen. Der Verbrauch Odessas an russischer Kohle ist sehr bedeutend. 1901 wurden (in 1000 t) 130 mit der Bahn, 221,5 per Schiff (mit kleiner Kabotage) herangebracht, 1902: 152 per Bahn, 245,2 per Schiff, 1907: 90 polnische und Donjezkohle per Bahn, 560 per Schiff, 1910 kamen 9½ Mill. Pud per Bahn, 38,1 Mill.perSchiff, 1911: 9,1 Mill. Pud per Bahn, 38,9 Mill. per Schiff. Die Steinkohlenausfuhr Odessas mit kleiner Kabotage (nach anderen Punkten des Schwarzen Meeres) ist verhältnismäßig gering, sie schwankt um 1½ Mill. Pud.

Eisen und Eisenerz. Früher wurde Eisen meist aus dem Auslande bezogen, da die russische Industrie den Bedarf in keiner Weise decken konnte. 1878/80 wurde noch durchschnittlich für 2,6—2,9 Mill. R. ausländisches Eisen nach Odessa eingeführt. Seit 1891, wo der Zoll auf Eisen herabgesetzt wurde, handelte Odessa meist mit ausländischem Eisen. Dieses wird infolge des hohen Frachtunterschiedes meist aus England und Belgien, die durch billige Seefrachten begünstigt sind, bezogen. Um 1880 kostete englisches Eisen per 10000 kg 90 R., schlesisches dagegen bei 24⅓ Kop. per Pud 225 R., so daß es also nicht konkurrieren konnte.

Solange die russische Industrie durch die Regierungsbestellungen in Anspruch genommen war, bedang russisches Eisen höhere Preise und lange Lieferfristen, so daß ausländisches bevorzugt wurde. Bei der großen Bautätigkeit und den vielen Neueinrichtungen von Fabriken stieg 1898 die Einfuhr nach Odessa bedeutend. Als aber infolge der furchtbaren Industriekrise und des Aufhörens der Regierungsbestellungen die russischen Eisenpreise bedeutend sanken, wurde die Einfuhr unmöglich. Außerdem ließ die Bautätigkeit nach.

Um 1884 kamen noch 150—200000 Pud Gußeisen aus dem Auslande nach Odessa. Infolge der Entwicklung der russischen Industrie, die 80% ihres Bedarfs befriedigen kann, wurde ausländisches Gußeisen nur zur Veredlung und zu bestimmten Zwecken, z. B. für Zylinder von Dampfkesseln eingeführt. 1912 stieg die Einfuhr plötzlich auf 140000 Pud, um 1913 auf 7000 Pud zu sinken.

1911 wurde der Zoll derart festgesetzt, daß ein Ausgleich zwischen dem Preise des in- und ausländischen Gußeisens unter Berücksichtigung der Transportkosten für das einführende Werk erfolgen sollte.

Bis 1877 bezog Südrußland Walzeisen und Eisenbleche hauptsächlich aus Belgien und England, seitdem in steigendem Maße aus Deutschland. 1883 kam 1/5 der Stab- und Walzeiseneinfuhr aus schlesischen Fabriken. Nach Einführung des Zolls auf Walzeisen errichteten die oberschlesischen Werke Filialen in Polen, dicht an der Grenze. Auch diese polnischen Werke können aber infolge der hohen Bahnfracht nicht mit den südrussischen Fabriken konkurrieren. Diese beträgt z. B. für die südrussischen Fabriken 17—22 Kop., teilweise durch Benützung der Küstenschiffahrt noch weniger, für die polnischen 25—35 Kop. per Pud. Daß die schlesischen Werke, die Zölle, 4—5 mal höher als die Bahnfrachten, zu tragen haben, an der Lieferung nicht teilnehmen, ist selbstverständlich.

Die russische Industrie machte unter den hohen Schutzzöllen vor allem Fortschritte in der Herstellung von Trägern, Winkeleisen, Sorteneisen, während Bandeisen, Dachbleche, Schwarzbleche, Profileisen vorläufig noch aus dem Auslande bezogen wurden.

Grobbleche wurden in der Industriekrise so billig, daß keine Einfuhr möglich wurde. 1900 kosteten sie in südrussischen Werken 1,60—1,40 R. per Pud ab Werk. Die polnischen Fabriken konnten mit 1,90 bis 1,60 R. keine Aufträge erhalten, das Ausland selbstverständlich erst recht nicht. 1908 wurden Grobbleche aus dem Ural wieder eingeführt. Später stiegen die Preise wieder, so daß die Einfuhr aus dem Auslande wieder lohnend wurde (1913), wobei aber nur engliche Werke in Betracht kamen, Deutschland wegen höherer Preise ausschied.

Ein sehr wichtiger Artikel für die Einfuhr sind Dachbleche, da die Häuser großenteils mit Blech gedeckt werden. Sie kommen aus Belgien und England, Oberschlesien kommt nur für Westrußland in Betracht, nur bei eiligen Bestellungen durch Bahnversand kann es auf dem Odessaer Markt auftreten.[1]) 1907 z. B. forderten polnische Werke bei zehnpfündigen Tafeln und 19—22 Kop. Fracht 1,95—2 R. per Pud ab Werk, die südrussischen 1,85—1,90. Sogar sibirische Werke konnten für 2,10—2,15 R. frei Odessa liefern.

Früher lieferte Oberschlesien Bandeisen und feine Eisensorten. 1902 aber verlor es sehr viel durch seine hohen Preise, während Verpackungsbandeisen wegen guter Qualität, trotz hoher Preise noch aus Oberschlesien bezogen wurde. Im übrigen richteten sich die russischen Fabriken allmählich auch auf die Fabrikation von Bandeisen ein, so daß der Absatz aus dem Auslande abnahm. Später (1907) nahm der Bezug oberschlesischen Bandeisens, trotzdem es um 15—20 Kop. teurer angeboten wurde, wieder zu. Die Hauptlieferung aber war an die Asowschen Häfen übergegangen, die infolge billiger Seefrachten niedriger liefern konnten als die anderen südrussischen Häfen, die 19—22 Kop. per Pud Bahnfracht hatten, oder die polnischen, die 22—24½ Kop. Bahnfracht bezahlten.

Die Einfuhr an Eisenwaren[2]) verteilt sich derart, daß Österreich-Ungarn ein altes Monopol für Sensen und Sicheln hat. Feilen kommen aus Frankreich, Deutschland, England, Tür- und Fensterbeschläge aus Amerika, Deutschland, Österreich, Rechen und Heugabeln aus Deutschland und Frankreich, ebenso Vorhängeschlösser und Schaufeln; Schafscheren aus Deutschland, England und Amerika, Maschinenwerkzeuge aus Deutschland, England, Amerika. Von den besseren Messerwaren lieferte Deutschland die Hälfte, den Rest Amerika, England. Der sehr wichtige Handel mit medizinischen Instrumenten ist in deutschen Händen.

---

1) Bis zur Industriekrise waren oberschlesische Dachbleche viel auf dem Odessaer Markt vertreten.

2) Gegen Wechsel und 6 Monate Ziel bezogen.

Landwirtschaftliche Maschinen.[1]) Odessa versorgte um 1880 ganz Südrußland bis an den Kaukasus mit landwirtschaftlichen Maschinen; für etwa 1/2 Mill. R. wurden jährlich Maschinen eingeführt. Nach dem Gesetz vom 25. Mai 1898 sind landwirtschaftliche Maschinen zollfrei, während der Zoll für Lokomobilen auf 50 Kop. Gold per Pud herabgesetzt wurde, soweit sie von einem Dampfpfluge oder einer Dampfdreschmaschine begleitet waren. Infolgedessen stieg die Einfuhr Odessas von 70 auf 137000 Pud. Auf Göpel blieb der hohe Zoll bestehen, um die einheimische Industrie, die sich besonders auf diese Maschinen (und auf Putzmühlen) verlegt hatte, zu stützen.

Die russischen Semstwoverbände haben die Einfuhr landwirtschaftlicher Maschinen übernommen. Das Gouvernement Cherson steht in dieser Hinsicht (mit 1 Mill. R. Umsatz 1911) an der Spitze. Der Markt ist heute so geteilt, daß Amerika[2]) die Lieferung von Mäh- und Erntemaschinen übernommen hat. 1913 entfielen von Selbstbindern und Mähmaschinen 90% auf U. S. A, der Rest auf Kanada, England und Deutschland. Hier macht ein großes amerikanisches Syndikat den Wettbewerb unmöglich. Drei amerikanische Firmen unterhalten Lager in Odessa und lassen das Land systematisch bereisen, ein Verfahren, das sich bewährt hat und auch von deutschen Firmen in letzter Zeit übernommen worden ist. So hat eine deutsche Fabrik für Dieselmotoren und landwirtschaftliche Maschinen ein eigenes Lager in Odessa anlegen lassen.

England liefert Dresch- und Kornbereinigungsmaschinen und Lokomobilen. Es ist durch seine billigen Seefrachten günstig gestellt, während Deutschland per Bahn liefert, vor allem Pflüge und Dreschmaschinen.

Zwischen englischen und deutschen Firmen herrscht ein starker Konkurrenzkampf, in dem Deutschland sich vor allem mit langem Kredit[3]) den Markt zu sichern sucht. Im übrigen hat die russische Industrie vor allem in der Herstellung einfacher Maschinen, die im wesentlichen aus Holz und Gußeisen bestehen, immer weitere Fortschritte gemacht. Pflüge, Sämaschinen, Drillmaschi-

---

1) Die Einfuhr landwirtschaftlicher Maschinen ist nur über Zollämter erster Klasse gestattet, Zollämter zweiter und dritter Klasse dürfen nur bestimmte Sorten einführen.

2) Amerika war bis 1905 durch Kampfzölle auf dem russischen Markt sehr behindert.

3) Die Verschiedenheit zwischen englischer und deutscher Zahlungsmethode ergibt sich aus folgender Tabelle:

nen, Göpel, Pferdedreschmaschinen, Häckselmaschinen, einfache Putzmühlen, die früher größtenteils aus Deutschland bezogen wurden, werden jetzt meist im Inlande hergestellt. In Sä- und Drillmaschinen bestand um 1911 keine Einfuhr aus Deutschland mehr. Außer den Zöllen kommt auch die ungünstige Fracht auf dem Landwege in Betracht, da die meist umfangreichen Maschinen nicht vorteilhaft verladen werden können. Die Zunahme des deutschen Absatzes (bei einer einzigen Fabrik um diese Zeit um 100000 R. gegen das Vorjahr) bezog sich daher auf Lokomobilen und Dampfdreschmaschinen.

Die Einfuhr erfolgt für die nordamerikanischen, englischen und den größten Teil der deutschen landwirtschaftlichen Maschinen zur See, nur die deutschen Pflüge kommen per Bahn, die österreichischen Maschinen teils über Triest, teils über Podwoloczysk, die ungarischen über Podwoloczysk, auch über Fiume. Messer für Mähmaschinen kamen in ganzen Dampferladungen aus Nordamerika. Wie wenig übrigens die Einfuhr Odessas an landwirtschaftlichen Maschinen mit der steigenden Einfuhr Rußlands Schritt gehalten hat, ergibt sich aus folgender Tabelle:

	1900	1907	1909	1910
Einfuhr Rußlands (in Mill. Fr.)	37,05	55,73	100,05	108
Einfuhr Odessas (in Mill. Fr.)	4,65	5,92	2,23	3,9

Die Einfuhr erfolgt in steigendem Maße über die Ostsee. Ferner macht sich um 1910 immer mehr das Bestreben geltend, auch über Noworossysk landwirtschaftliche Maschinen einzuführen.

Sonstige Maschinen. In welchem Verhältnis die Einfuhr Odessas mit der Rußlands an industriellen Maschinen mit gestiegen ist, zeigt folgende Tabelle:

Einfuhr an industriellen Maschinen, besonders Nähmaschinen.

	1900	1907	1909	1910
Odessa (in Mill. Fr.)	2,3	1,97	2,25	3,6
Rußland (in Mill. Fr.)	133	107	137,6	178

Es verlangt bei einer Maschine von 6000 R.

	sofort	nach der 1. Ernte	nach der 2. Ernte	nach der 3. Ernte	zusammen
die britische Firma	2000	2000	2000	—	6000 R.
die deutsche Firma	500	1500	2000	2000	6000 R.

In letzter Zeit versuchten englische Firmen durch Nachahmung deutscher Kreditmethoden den Boden zurückzugewinnen.

Nähmaschinen kommen hauptsächlich aus Deutschland.

Automobile, die meist für Gutsbesitzer bestimmt sind, werden je nach dem Ausfall der Ernte in verschiedenem Maße eingeführt. Deutsche Fabrikate, die auf dem Landwege kommen, haben durch ihre solidere Bauart französische zurückdrängen können. Amerika hat sich durch seine eigene Vertretung eine starke Stellung auf dem Markte gesichert. Gegenüber dem deutschen Prinzip, schon bestehenden Firmen die Vertretung zu übertragen, verdient das amerikanische bei der geringen Zahl vertrauenswürdiger Firmen den Vorzug.

1913 waren 307 Motorwagen in Odessa eingeschrieben. Davon stammten 107 aus Deutschland, 83 aus Frankreich, 81 aus Amerika, 19 aus England, 13 aus Italien. Im Jahre 1913 sollen 600 amerikanische Automobile über Odessa eingeführt worden sein, obwohl sie an Fracht und Zoll 80 bis 90 £ zu tragen hatten.

Feuerwehrmaschinen kommen vor allem aus England. Dampfpumpen aus Deutschland, Handpumpen aus Amerika, Gas- und Naphthamotoren meist aus Deutschland (Hamburg), ein kleiner Teil aus Triest und London. Infolge des hohen Eingangszolls nimmt der deutsche Absatz ab. Dieselmotoren, die früher in Südrußland eine herrschende Stellung hatten, werden jetzt von Fabriken in Nikolajew, Petersburg und Riga geliefert. Ebenso werden Gas- und Petroleummotoren im Inlande hergestellt. Auch elektrische Maschinen sucht die russische Industrie selbst zu fabrizieren. In Werkzeugmaschinen haben deutsche Erzeugnisse gegen Frankreich und Amerika an Boden verloren, weil schlechte Qualitäten zu billigen Preisen geliefert wurden. Schreibmaschinen kommen aus Amerika, obwohl deutsche Firmen ihren Absatz um 1908 erfolgreich erweitern konnten.

C. Odessas Spezialhandelsverkehr.

Während Westeuropa für den Bezug von Nahrungsmitteln aus Odessa und für Lieferung von Industrieprodukten in Betracht kommt, müssen sich die Versuche, der sich entwickelnden russischen Industrie Absatzmärkte zu sichern, auf solche Länder beschränken, die rückständig, wenig industrialisiert und daher entweder infolge günstiger Lage, wie der Vorderorient, oder durch Verwaltungsmaßregeln, wie der Ferne Osten, russischen Industrieprodukten gesichert werden können.

Ostasien. Als Heimathafen der Freiwilligen Flotte, die vor allem den Zweck hat, den Verkehr mit dem Fernen Osten aufrecht zu erhalten, ist Odessa der gegebene Punkt für den Seeverkehr mit Ostasien. Wie sehr der Handelsverkehr mit Ostasien im Schwarzen Meer, d. h. vor allem in Odessa konzentriert war, zeigt folgende Tabelle über die vergleichsweise Steigerung der Ausfuhr des Schwarzen Meeres und der Ostsee nach Ostsibirien.

Nach Ostsibirien wurden befördert in Tonnen:

	1889	1895	1899
vom Schwarzen Meer	9100	52000	115000
von der Ostsee. . .	2400	22450	5600

Fast der gesamte Verkehr ging also über Odessa.

Dem Wert nach kamen vom russischen Gesamtexport von 33,3 Mill. R. im Jahre 1899: 29,2 Mill. R. auf Odessa. Dieses Verhältnis blieb im wesentlichen erhalten, wie folgende Tabelle zeigt.

		1893	1894	1895	1896	1897	1898	1899	1900	1901	1902
Aus Odessa nach den Häfen des Stillen Ozeans	in Mill. Pud							3,6	4	4,1	3,1
	in Mill. R.	10,6	12,35	18,7	20,4	23,6	23,9	29,2	53,9	47,3	35,9
Im ganzen nach den Häfen des Stillen Ozeans	in Mill. Pud							7,8	7,4	6,5	4,8
	in Mill. R.	14,5	15,9	23,8	24,6	24,9	26,7	33,3	57	51,3	38,2
		1903	1904	1905	1906	1907	1908	1909	1910	1911	1912
Aus Odessa nach den Häfen des Stillen Ozeans	in Mill. Pud	3	—	0,8	3,1	1,1	0,8	3,1	3,6	4,1	7,9
	in Mill. R.	25,6	—	6,8	36,4	12,5	5,8	10,7	15,4	20,4	30,3
Im ganzen nach den Häfen des Stillen Ozeans	in Mill. Pud	3,9	—	1,5	5,3	2,4	1,5	4,2	5,9	6,7	12,2
	in Mill. R.	26,6	—	8,1	44,1	13,8	6,3	11,8	18,2	23,9	35,1

Aus Odessa kommen hauptsächlich Fabrikate: Manufakturen, Eisen-, Stahl- und Blechfabrikate, Leder- und Galanteriewaren, Lebensmittel (Tabak und Tabakfabrikate, Zucker, Getreide, Molkereiprodukte), Halbfabrikate. Indessen war der Hauptteil für den Bedarf der Truppen und der Eisenbahnen bestimmt. Als Rückfrachten kamen Tee, Kopra, Rizinussamen, Kolonialwaren in Betracht.

Bis 1900 ging der ganze Verkehr über Ostasien zur See. Seitdem war durch Eröffnung der sibirischen Eisenbahn dieser Absatz stark eingeschränkt, da die leichteren Produkte naturgemäß die Eisenbahn bevorzugten.

Durch Vorbehalt der großen Kabotage für die russische Flagge (1899) suchte man die Ausfuhr zur See für Odessa zu retten. Außerdem wurden Handelsverträge mit Japan geschlossen und Dalnij zum Freihafen gemacht. Ferner waren russische Dampfer durch Rückzahlung der Suezkanalgebühren im Vorteil. Infolge der großen Hoffnungen, die man auf eine Hebung des Seeverkehrs setzte, wurden für den Handelsverkehr mit Ostasien die Russisch-Ostasiatische Dampfergesellschaft und drei andere Gesellschaften in Odessa gegründet.[1])

Zunächst ergab sich auch gegen 1899 eine bedeutende Steigerung der Ausfuhr, die indessen durch die militärischen Vorgänge im Jahre 1900 hervorgerufen war; daher zeigte sich schon im nächsten Jahre eine Abnahme wegen geringeren Bedarfs an Kriegsmaterial. Immerhin war der Ferne Osten zu einem wichtigen Absatzgebiet der russischen Industrie geworden.

1900 wurde ein Ausfuhrtarif für Zucker (der sogenannte südliche Überseetarif) von allen Stationen der russischen Eisenbahnen für Dampfer der Freiwilligen Flotte und der Russischen Dampfer- und Handelsgesellschaft eingeführt, der für folgende Häfen gelten sollte: Suez, Perim, Aden, Colombo, Singapore, Shanghai, Hankou, Nagasaki, Port Arthur, Dalnij, Wladiwostok, Nikolajewsk, Port Alexandrowsk, Port Korsakowsk. Dieser Tarif bedeutete gegen früher ein Ermäßigung bis 20 Kop. per Pud. Die Frachten von Odessa nach diesen Häfen sollten 45—50 Kop. per Pud betragen, auf den Dampfern der Freiwilligen Flotte von Odessa nach Nikolajewsk 53 Kop., und Wladiwostok 35 Kop., wobei, von 10000 Pud ab, Ermäßigung eintreten sollte.

1902 machte die Freiwillige Flotte 24 Fahrten mit 14 Dampfern, wobei (einschließlich 12400 t Regierungsgütern) 63800 t ausgeführt und 25050 t zurückgebracht wurden, 1903 erfolgten 24 Fahrten mit 16 Schiffen, die Ausfracht betrug 64000 t, die Rückfracht 50000 t.

1904 wurde von der Russischen Gesellschaft für Dampfschiffahrt und Handel ein Dampferdienst von Odessa nach Ostasien ein-

1) In Ostseehäfen wurden gegründet die Russisch-Baltische Dampfschiffahrts-Gesellschaft und die Nordische Dampfschiffahrts-Gesellschaft, während die Russisch-Ostasiatische Flotte sowohl vom Schwarzen Meer als von der Ostsee ihre Fahrten unternommen zu haben scheint.

gerichtet, wobei man vor allem auf die Ausfuhr von Zucker, Mehl und Manufakturwaren rechnete. Das russische Mehl sollte nicht nur mit amerikanischem, sondern auch mit sibirischem konkurrieren.

Der russisch-japanische Krieg störte den Handel empfindlich, und beschränkte ihn auf Postpakete und Bahnsendungen, so daß also der Verkehr ab Odessa aufhörte. Nach dem Friedensschluß wurden die Versendungen in ziemlichem Umfang wieder aufgenommen, so daß aus Odessa in zwei Wochen mehr als 10 große Dampfer für Abfertigung der in Sibirien und dem Fernen Osten bestellten Waren abgingen. Damals kamen aus Moskau besondere Handelsagenten nach Odessa, um dort neue Kontore russischer Fabriken und Geschäfte zu errichten. Es zeigte sich aber, daß man die Aufnahmefähigkeit des russischen Gebiets im Fernen Osten überschätzt hatte, so daß sich die Vorräte in den Lagern aufhäuften. Außerdem war nach dem Kriege in Wladiwostok ein Freihafen errichtet worden. Da aber die Frachten aus Hamburg, Bremen, Antwerpen usw. nicht höher waren als aus Odessa, wurden deutsche Waren nach dem russisch-ostasiatischen Gebiet versandt. Mit den ausländischen Waren konnte die russische Industrie ohne Zollschutz nicht konkurrieren. So ließen einzelne Ausfuhrhändler Odessas lieber ihre Waren zurückkommen oder verkauften sie unter dem Odessaer Preise. Die vor dem Kriege bestehende Nachfrage nach russischen Waren: Margarine, Zucker, Salz, Spiritus, Wein, Luxuswaren wurde durch ausländisches Angebot eingeschränkt. Spiritus lieferte Deutschland billiger als Rußland infolge niedrigerer Frachten, ebenso Leder- und Schuhwaren Amerika, Deutschland, Österreich, England; Salz kam aus Japan. Ferner kam Zucker aus dem Auslande (1906 kostete russischer Zucker in Wladiwostok 4 R. 20 Kop. per Pud, deutscher 2 R. 25 Kop.); nur das Gerücht von der Aufhebung des Freihafens veranlaßte Nachbestellungen russischen Zuckers, da der russische Zollsatz sehr hoch war. Sogar Odessaer Exporteure dachten daran, ausländische Waren in Wladiwostok abzusetzen. Ferner kamen Tabakfabrikate, Baumwollgewebe, feine Wollwaren, Industrieprodukte aus Polen mit der Eisenbahn, während früher sogar Eisen aus dem Ural über Odessa nach Ostasien gegangen war. Außerdem hatte die Kaufkraft der Bevölkerung durch den Krieg gelitten.

1906 führte die Freiwillige Flotte nur 8 Fahrten nach Ostasien aus. Schiffe von 6—7000 t Ladefähigkeit gingen mit nur 2—3000 t Ladung ab.

Am 1. März 1909 wurde der Freihafen aufgehoben.[1]) Man erhoffte davon eine Steigerung des Handels in Tabak, Spiritus, Zucker, Bier, Champagner, Manufakturen, Eisen und Margarine. Der Zweck, die ausländischen Güter zu verdrängen, wurde erreicht. 1909 wurden 3,58 Mill. Pud russische Waren in Wladiwostok eingeführt, 1910 5,59 Mill. Pud = 21 Mill. R., womit Rußland bei weitem an erster Stelle war. Vor allem nahm der Absatz deutscher Waren ab.

Die Ausfuhr Odessas nach dem Fernen Osten nahm nach Aufhebung des Wladiwostoker Freihafens zunächst ab. Während sie 1907 17000 t im Werte von 1267000 £ betragen hatte, erreichte sie 1909 nur 9000 t mit 422000 £ Wert. Zehn Monate nach Aufhebung des Freihafens erreichte die Odessaer Ausfuhr nur $^2/_3$ der früheren. Die Einfuhr aus dem Fernen Osten nach Odessa war bis Oktober 1909 gering, erst dann wurden Soya-Bohnen, Kopra, Kolonialprodukte ausgeführt. Die Freiwillige Flotte, die allein statt der früheren vier Gesellschaften die Fahrten nach Ostasien fortsetzte, unternahm 1909 wieder 17 Fahrten. Später kam auch wieder die Nordische Dampfschiffahrts-Gesellschaft hinzu.

Aus Odessa wurden 1909 nach dem Fernen Osten für 6,3 Mill. M. Waren befördert, 1910 für 35,6 Mill. M. Wie sehr die Ausfuhr stieg, zeigen folgende Artikel. In 1000 M. wurden ausgeführt: Raffinade-Zucker 1909 für 379 M., 1910 für 4412 M., Eisen und Eisenwaren für 476 M. gegen 10854 M., Stahlwaren für 126 M. gegen 578 M., Gußeisenwaren für 58 M. gegen 596 M., Alkohol für 510 M. gegen 694 M. Wein usw. für 574 M. gegen 1944, Waren in Blechbüchsen für 16 M. gegen 382 M., Mehl für 13,6 M. gegen 124 M. Außerdem folgende Waren, von denen 1909 nichts über Odessa ausgeführt worden war (in 1000 M.): Nüsse und Mandeln für 2880 M., Schmieröl für 1102 M., Sonnenblumensamenöl für 292 M., Farben für 200 M., Papier für 1866 M., Blei für 346 M., landwirtschaftliche Geräte für 240 M.

Ebenso stieg die Einfuhr aus Odessa über Wladiwostok und Nikolajewsk in die Küstenprovinz; 1908 wurden 2,043 Mill. Pud = 8,131 Mill. R., dagegen 1909 4,155 Mill. Pud = 11,806 Mill. R. eingeführt.

Die englische Einfuhr nach Wladiwostok war 1908/9 viel größer als die deutsche, ging aber zu 90% über Hamburg auf Order deutscher Firmen in Wladiwostok. Da direkte deutsche Dampfer

1) Die Schließung des Freihafens hat den Handel von Wladiwostok gefördert: 1907 betrug die Einfuhr 12,23 Mill. Pud, die Ausfuhr 4,06 Mill. Pud, 1909 die Einfuhr 16,47 Mill. Pund, die Ausfuhr 16,1 Mill Pud.

von Hamburg und Rotterdam nach Ostasien liefen, waren die Frachten billiger bei schnellerer Beförderung.

Wir geben eine Tabelle der russischen und Odessaer Einfuhr, daneben der deutschen, nach dem Fernen Osten (bes. Wladiwostok) aus dem Jahre 1911, die wir einer Odessaer Zeitschrift entnehmen.

Art der Waren	in 1000 Pud			Art der Waren	in 1000 Pud		
	Rußland	Odessa	Deutschland		Rußland	Odessa	Deutschland
Apothekerwaren	2,7	—	21,7	Gewöhnl. Seife	16,6	8,2	0,4
Asphalt	98,5	—	45,9	Kosmet. Seife	2,8	7,4	0,03
Blech	9,5	0,2	58,3	Stahl	1,4	38,7	53,6
Blechwaren	0,8		3,6	Stahlwaren	0,3		2,25
Draht	23,2		36,2	Wein	33,7	59,7	7,9
Eisen	56,3		174	Zement	1214,8	—	0,7
Blatteisen	2,4		139,2	Zucker	89	1521,6	19,6
Sorteneisen	68,3		112,6	Schnaps	28,9	35,7	—
Eiserne Schienen	97,9	92	107,2	Kerosin	486,2	—	—
„ Röhren	38,4		52,4	Kolonialwaren	0,25	—	1,65
Eisenbahnersatzteile	1006,8		156,4	Versch. Konserven	1,4		1,1
Zink	2	0,016	11,8	Fischkonserven	5,8	49,7	5,2
Eisenwaren	47,9	115,5	211,5	Gemüsekonserven	9,6		—
Nägel	5,4	—	118	Lack	2,9		0,6
Landwirtschaftl. Geräte	19,5	11,9	0,05	Häute	2,2	20,1	0,4
Emaillegefäße	2,1	—	20,6	Lederwaren	7,5		0,8
Fensterglas	1,3	13,8	76,5	Kerzen	16,7	8,8	4,4
Glaswaren	1,8		13,6	Lokomobilen	—	—	28
Pflanzenfett	13,8		1,4	Lokomobilenteile	—	—	1,25
Kokosbutter	9,26	64,1	5,6	Linoleum	10,7	6,2	0,15
Mineralöl	122,1		1,7	Manufakturen	37,8	6,7	4,4
Papier	122,7	0,1	13	Versch. Maschinen	3,3	17	42,6
Pflüge	3,6	—	8,7	Versch. Teile	11,8	—	134
Salz	47,3	68,6	132,3	Nähmaschinen	—	—	12,8
Schaufeln	5,2	—	12,8	Landwirtschaftl. Maschinen	3	—	16,5

Wir geben diese Liste, die augenscheinlich eine private Zusammenstellung darstellt, mit allem Vorbehalt wieder. Wir greifen nur einige Posten, die in der amtlichen Statistik spezialisiert sind, heraus. Die Papierausfuhr Odessas allein nach Wladiwostok betrug im Jahre 1911 mit großer Kabotage, laut amtlicher Statistik, 193600 Pud, nach der vorliegenden Angabe 100 Pud. Die Zuckerausfuhr betrug nach amtlicher Statistik 982600 Pud, nach der Kaufmannsstatistik 1521600 Pud. Im allgemeinen sind die hier angegebenen Zahlen viel zu niedrig. Es ist aber jedenfalls interessant, was für Differenzen in russischen statistischen Angaben möglich sind.

1910 und 1911 stieg infolge Baues der Amurbahn der Stahlwarenexport nach Wladiwostok, ebenso die Ausfuhr von Zement und Ziegelsteinen. Die Zementausfuhr erfolgte über Neworossysk. Infolge Entwicklung der Fischerei stieg der Kochsalzexport in derselben Zeit.

Als Lieferanten kamen außer Rußland und speziell Odessa für den Fernen Osten in Betracht: China, das billige Kleidung, Steinkohle, Salz, Früchte, Eier usw. ausführte; Japan, das Steinkohle, Reis, Kartoffeln, Früchte, Tee, Salz, Schuhwerk, Anzüge, Manufakturwaren lieferte; Deutschland, das Eisen aller Art, Möbel, Stahl, Maschinenteile, Fensterglas exportierte.

Rußland deckt nur einen kleinen Teil des Bedarfs. 1909 betrug die Gesamteinfuhr 16,6 Mill. Pud, wovon auf Rußland ca. 6,5 Mill. Pud, 1910 22,5 Mill. Pud im ganzen, aus Rußland ca. 7 Mill. Pud, aus Deutschland 2,2 Mill. Pud, 1911 21,3 Mill. Pud, aus Rußland 7,5 Mill. Pud, aus Deutschland 3 Mill. Pud.

Welche Bedeutung der Verkehr mit dem Fernen Osten für Odessa hatte, ersehen wir daraus, daß 1911 von der Gesamtausfuhr 22,5 Mill. R. = 20% auf Ostasien entfielen, 1912[1]) sogar 33,9 Mill. R.

Bei Aufhebung des Freihafens im Fernen Osten blieb die Zollfreiheit für Salz bestehen, da dies ein für die dortige Fischerei unumgänglich nötiger Artikel war, der also nicht verteuert werden durfte. Daher hing es von der Frachtrate ab, ob ausländisches Salz eingeführt werden konnte. 1911 beförderte die Freiwillige Flotte zu einem Frachtsatz von 15 Kop. p. Pud 10000 Pud Salz von Odessa nach Wladiwostok und 50000 Pud für 25 Kop. nach Nikolajew. Damals war der Frachtsatz der Hamburger Dampfer infolge Konkurrenzkampfes sehr niedrig, nämlich 12 M. p. t. Die Frachtsätze der Freiwilligen Flotte waren sonst bedeutent höher, da sie auf Grund des Kabotagegesetzes keine Konkurrenz zu fürchten hatten. Angebote ausländischer Reedereien, die 1912 für 15 Kop. Fracht russisches Salz befördern wollten, mußten abgelehnt werden. Der Frachtsatz der Freiwilligen Flotte betrug 32 Kop. Daher kostet das Salz der Krim in Wladiwostok 41—42 Kop. per Pud, während deutsches Salz bei 17—18 Kop. Fracht in Wladiwostok 40 Kop. kostete. 1912 wurde der Seefrachttarif für Ausfuhr nach Ostasien ab Odessa ermäßigt: auf 15 Kop. per Pud und 3 Kop. Lösch- und Ladekosten nach Wladiwostok und 25 Kop. nach Nikolajew. Infolgedessen konnte Südrußland mit Hamburg konkurrieren.

---

1) 1912 wurden 2 Mill. Pud Zucker aus Odessa nach Ostasien exportiert.

Ab 21. März bis 3. April 1913 wurde für wagenweise Beförderung von Stein- und Kochsalz von allen Stationen der russischen Eisenbahnen nach den Südhäfen für Ausfuhr nach Ostasien, bei Vorweisung zollamtlicher Bescheinigung über erfolgte Ausfuhr, ein Frachtsatz von $^1/_{10}$ Kop. per Pud und W. eingeführt, bei einem Mindestbetrag von 1 Kop. Der bisherige Tarif dagegen hatte betragen für die ersten 180 W. $^1/_{30}$ Kop. per P. und W., bis 405 W. 6 + $^1/_{45}$ Kop. per Pud und W., bis 1600 W. 11 + $^1/_{65}$ Kop. per Pud und W., bis 5614 W. 29,38 Kop. + $^1/_{150}$ Kop. per Pud und W., über 5614 W. $^1/_{100}$ Kop. per Pud und W. Dabei wurde bei Bescheinigung über erfolgte Ausfuhr ein Abzug von 10% gemacht. Bei 1600 W. betrug der Frachtsatz früher 26,44 Kop., nach dem neuen Tarif 16 Kop. Der früher bestehende Spezialtarif von einigen Stationen wurde aufgehoben.

Während des Weltkrieges wurde die Einfuhr nach Wladiwostok meist von Japan und Amerika gedeckt. 1915 kamen von 640 Mill. R. verzollter Waren 240 aus Japan, 230 aus Amerika, zusammen 73% der fremden Einfuhr, 112 aus England, 44 aus China, während die Ausfuhr verhältnismäßig (16,8 Mill. R.) unbedeutend war.

Persien. Bis zur Eröffnung der transkaukasischen Eisenbahn konnte Rußland an Konkurrenz mit England in Nordpersien gar nicht denken. 1890 betrug der russische Export nur ca. 1 Mill. R., 1900 ca. 20 Mill. R. Seitdem stieg die Ausfuhr von Jahr zu Jahr. Diese Steigerung war der Tätigkeit der russischen Bank in Persien zu danken, der Persischen Darlehnsbank, die 1900 Filialen in Täbris und Rescht einrichtete.

1900 wurde die persische 5% Goldanleihe durch Vermittlung der russischen Bank in Rußland untergebracht, wofür Zolleinnahmen (mit Ausnahme des Persischen Golfs) als Garantie dienten. 1901 wurde eine neue persische 5% Goldanleihe in Rußland aufgenommen, wofür 1902 die Diskonto- und Darlehnsbank eine Konzession für eine Chaussee von der kaukasischen Grenze übe Täbris nach Kaswin erhielt.

1900 wurde eine russische Handels- und Industrie-Ausstellung in Persien veranstaltet.

Um 1900 waren in Teheran ca. 1000 russische Firmen vertreten

1901 wurde die erste direkte Dampferverbindung zwischen Odessa und Bassorah mit zwei Dampferreisen der Russischen Dampfer- und Handelsgesellschaft eröffnet. Die russische Regierung bezahlte 4 R. per Seemeile Prämie, im ganzen gegen 400 000 M., so daß z. B. die russische Baumwolle dem Exporteur um 12—15 M. per Mtr. t Baumwollwaren billiger zu stehen kam. Die Ladung bestand aus 47 000 Pud: Petroleum, Zucker, Manufakturwaren, Geschirr. Auf der ersten Reise wurde der größte Teil der Ladung in Buschehr abgesetzt, auf der zweiten (80 000 Pud Gesamtfracht), eine Ladung Petroleum und Holz in Bassorah ausgeladen. Der Eisenbahntarif wurde für Waren von Petersburg, Moskau, Charkow, Kiew, Warschau, Sosnowice, Plozk über Odessa nach Djask, Bender-Abbas, Lingat, Buschehr, Basra, Djibuti, Djedda, Aden herabgesetzt. Von Odessa nach jedem der genannten Orte betrug der Frachtsatz für Petroleum 23 Kop., für Holz 15 Kop., Manufakturwaren 22 Kop., Zucker 21 Kop., für andere Waren 20 Kop. Auch für Güter, welche von diesen Häfen über Odessa ins Innere Rußlands gehen sollten, wurde der Frachtsatz sehr niedrig angesetzt.

Während 1888/89 England fast den ganzen persischen Import an Baumwollwaren hatte, auf Rußland nur 9—10% entfielen, stellte sich das Verhältnis nach 1901 folgendermaßen:

Es führten in 1000 engl. £ Baumwollwaren nach Persien ein:

	England	Rußland	and. Länder
1901/02	1564	679	116
1902/03	1282	492	76

Diese Steigerung ist vor allem dem Ausbau der Verkehrswege zu danken (nordkaukasische Bahn), wodurch eine Konkurrenz mit England in Nordpersien, das reich ist an Reis, Früchten, Holz, Fischen, möglich wurde.

1902/03 betrug der Export Rußlands nach Persien ca. 115 Mill. Kran, der Persiens nach Rußland 123 Mill. Die Hauptausfuhrartikel Persiens waren: Baumwolle, Wolle, Häute, Teppiche, Reis, Holz.

Einen großen Teil der ausgeführten Rohprodukte erhielt Persien als Fabrikat zurück. So gingen um 1901 nach Rußland für 28 Mill. Kran Baumwolle, wofür es Gewebe für 75 Mill. Kran zurückschickte. Persische Baumwolle wurde in immer stärkerem Maße von Rußland aufgenommen. 1903 entfielen bei einem Baumwollexport von 822 000 Pud 813 000 auf Rußland, so daß es eigentlich der einzige Abnehmer persischer Baumwolle war. Diese war billiger als amerikanische, und viele russische Fabriken hatten sich auf die persische Faser eingerichtet. Rußland lieferte Zucker, Petroleum, Metallwaren, Baumwollprodukte, nicht nur nach Nordpersien, sondern auch nach dem Süden bis nach Ispahan.

Auf England entfiel um diese Zeit $^1/_4$ des persischen Außenhandels, auf Rußland etwa die Hälfte. England bezog verhältnismäßig wenig: Für ca. 18 Mill. Opium, Früchte, Häute, Perlen, während es den 5—6fachen Betrag an Textilwaren lieferte.

Vor allem war die russische Zuckerausfuhr nach Persien sehr bedeutend. Es betrug die Zuckerausfuhr in 1000 M.

	Rohzucker		Staubzucker	
	1902/03	1903/04	1902/03	1903/04
Rußlands	20666	22999	4180	3825
überhaupt	24226	27503	5754	5131

Die russische Zuckereinfuhr betrug 1904/05 nach persischen Quellen 80,17% der gesamten Einfuhr, 1905/06: 77,01%, 1906/07: 77,07%. Die russischen Quellen machen folgende Angaben über die eingeführten Quantitäten. 1904/05: 5441 Tsd. Pud Sandzucker und 2891,6 Tsd. Pud Raffinadezucker, 1905/06: 247,9 Tsd. Pud Sandzucker und 2888 Tsd. Pud Raffinadezucker, 1906/07: 521,5 Tsd. Pud Sandzucker und 3309,3 Tsd. Pud Raffinadezucker.

Persien fällt mit in das Ausfuhrgebiet Odessas. Der russische Zucker konkurriert mit dem französischen. Er geht auf dem Landwege über Djulfa, Scharin, Aschabad, Artyk, Duschak, und auf dem Seewege über das Kaspische Meer. In den genannten Plätzen sind russische Vermittlungskontore vorhanden, was den Preis um 1—1,2 R. steigert, so daß deren Ausschaltung die Konkurrenzfähigkeit des russischen Zuckers erhöhen würde.

Die Fracht Baku—Teheran beträgt p. Pud 1,42—1,59 R., die Fracht Enseli—Teheran 1,5 R., dagegen Teheran—Bender—Buschehr 3,5 R., Enseli—Hamadan $1^3/_4$ R., dagegen Hamadan—Bender—Buschehr 3 R. Für den Norden ist also nur russischer Zucker konkurrenzfähig. Die Fracht schwankt übrigens nach Witterung und Jahreszeit.

1905/06 studierte eine russische Kommission den persischen Markt. Als aussichtsreiche Exportgüter Rußlands wurden festgestellt: Leinen, Kaliko, Eisenwaren, Mehl, Makkaroni, Zucker, Kerosin, Glaswaren, Töpferwaren, als Importgüter Reis und Baumwolle.

In welcher Weise sich der russische Mehlexport in jener Zeit gehoben hat, zeigen folgende Zahlen: Im Rechnungsjahr bis Ende März 1904 lieferte Rußland über 70% des importierten Mehls (77,2 Tsd. barrels von 110,8), 1904/05: 68,6 von 80,6 = 85%, 1905/06: 124,9 von 129 = 97%.

Durch den 1904 von Rußland diktierten Zolltarif wurden die russischen Erzeugnisse außerordentlich begünstigt, so daß sie vor allem den nordpersischen Markt beherrschten. Außerdem wurde der russische Handel und die russische Industrie durch Ausfuhrprämien und Frachtvergünstigungen stark unterstützt. Eine russische Gesellschaft übernahm den Ausbau des persischen Eisenbahnnetzes. 1906 wurde der Bau einer Bahn von Uman nach Kertsch und weiter an der Ostküste des Schwarzen Meeres entlang bis zur persischen Grenze beschlossen, wodurch die Bahnverbindung mit Persien um 2000 W. verkürzt worden wäre. Die Bahn ist noch nicht ausgeführt.

1906 richtete die Hamburg-Amerika-Linie eine monatliche Verbindung nach dem Persischen Golf ein, die eine starke Konkurrenz für den russischen Handel bedeutete. Der erste deutsche Dampfer brachte 9000 Güterballen nach Persien.

Nach den persischen Wirren (1908) setzte ein Boykott russischer Waren ein, der aber vergeblich war, da ein großer Teil Persiens auf die russischen Waren angewiesen ist.

Bei dem Ausbau des persischen Verkehrsnetzes verfuhr Rußland so, daß die Abhängigkeit im Norden erhalten blieb. So konnte z. B. in Täbris nur russischer Weizen verbraucht werden, obwohl andererseits Grenzbezirke aus Mangel an Verkehrsstraßen Getreide an Rußland verkaufen müssen, das dann nach anderen Gebieten als Odessaer Weizen zu dem dortigen Preise mit Transport- und Gewinnzuschlag abgesetzt wird. Ebenso muß russisches Holz trotz ausgedehnter persischer Waldgebiete gekauft werden: 1913 für 2,64 Mill. Kran.

1910 wurde ein russisch-persischer Automobildienst von Djulfa eingerichtet. Die Lastenbeförderung betrug aber nur 250 t monatlich, dagegen auf der Strecke Djulfa—Täbris, die in 14 Stunden zurückgelegt wurde, 56000 t.

1912 begab sich eine russische Studienkommission nach dem Vorderorient, um die Absatzmärkte, Handelsbedingungen usw., vor allem des persischen Marktes zu studieren.

In dem Bericht dieser Kommission werden zwei Arten von Maßnahmen vorgeschlagen: Private: 1. ständige Vertretung, 2. Anpassung an die Wünsche der Orientmärkte nach Qualität, Preis, Verpackung, 3. pünktliche und genaue Lieferung, 4. Kreditgewährung auf 3—6 Monate, 5. Errichtung von russischen Banken, 6. Musterausstellungen an wichtigen Punkten. Als Regierungsmaßnahmen werden empfohlen: 1. neue Handelsverträge, 2. Anpassung der Russischen Gesellschaft für Dampfschiffahrt und Handel an die Bedürfnisse der russischen Ausfuhr, 3. Herabsetzung der Eisenbahntarife, 4. Verbesserung des Postverkehrs (speziell mit Bulgarien und der Türkei), 5. Erleichterung der Paß- und Zollformalitäten usw.

1912 kamen nach den französischen Konsulatsberichten auf Rußland von der Einfuhr nach Persien 329 Mill. Kran = 59%, in der Ausfuhr 300,9 Mill. = 69%, zusammen 629,9 = 62,8% gegen 1911: Einfuhr 267,8 Mill., Ausfuhr 284,3 Mill., zusammen 552,1 = 56%. Davon entfielen auf Brotzucker 23,4 Mill. batman = 92,4 Mill Kran (bei einer Gesamteinfuhr von 28,4 Mill. btm. = 111 Mill. Kran), Sandzucker 3,6 Mill. btm. = 11,9 Mill. Kran (im ganzen 5,6 Mill. btm. = 16,9 Mill. Kran). Die Ausfuhr betrifft besonders Reis (7 Mill. btm. = 9,5 Mill. Kran, fast die ganze Reisausfuhr), getrocknete Früchte, Mandeln und Pistazien 9,2 Mill. Kran (Gesamtausfuhr 14,5 Mill.), auch Datteln, Nüsse, Rosinen, für 28,4 Mill. Kran Orangen (Gesamtausfuhr 29,3 Mill.), andere Früchte für mehrere Mill. Kran. Die französische Zuckerausfuhr nimmt ab, da die Konkurrenz mit dem russischen in Nordpersien unmöglich ist. Rußland deckt auch den größten Teil der Papiereinfuhr: 1,1 Mill. Kran bei 1,8 Mill. Kran Gesamtimport.

Vom 14. September 1912 bis 14. September 1913 betrug die russische Zuckerausfuhr nach Persien 5,33 Mill. Pud bei einem Gesamtexport von 10,28 Mill. Pud. Für 1913/14 wurde sie vom Finanzminister auf 5½ Mill. Pud von 15,26 Mill. auszuführenden Zuckers festgesetzt.

Die russische Einfuhr aus Persien hatte 1913/14 einen Wert von 355,8 Mill. Kran, die Einfuhr nach Persien 302 Mill., während England für 33 Mill. Kran Waren bezog und für 97,5 Mill. lieferte, Deutschland für 30 Mill. Kran aus Persien importierte und für 3 Mill. Kran dorthin exportierte.

Von Odessa wurden 1913 vier Dampferreisen nach Persien ausgeführt. Mitte April 1914 wurde beschlossen, eine Schnelldampferlinie Odessa—Buschehr mit 110 Tsd R. Regierungssubventionen einzurichten.

Die Verbindungswege Persiens vor dem Kriege waren folgende: Es bestanden regelmäßige Schiffahrtsverbindungen: Baku—Krasnowodsk (16 Stunden) und Baku—Enseli (18 Stunden), von wo eine Straße nach Kaswin und Teheran ging, von Baku nach Leukoran,

Astara, Mechedisser, Bender-Gul. Prachtvolle, von den Russen erbaute Straßen führten von Astara nach Ardebil (80 km), die oben erwähnte von Enseli nach Kaswin, Hamadan, Teheran (382 km), von Aschabad nach Meched (250 km). Dadurch wurde Nordpersien für Rußland strategisch und wirtschaftlich geöffnet.

Vor dem Kriege hatte Rußland 60—65% des persischen Handels, England 29,9% inne. Dann kamen die Türkei und Deutschland, das in den letzten 10 Jahren seinen Absatz (Zucker, Zündhölzer und Silberwaren) verdreifacht hatte.

Um den persischen Markt, vor allem Nordpersien zu sichern, verbot Rußland die Durchfuhr nichtrussischer Waren nach Persien, d. h. es wurde 1883 auf Vorschlag Bunges die Durchfuhr über Baku durch den allgemeinen Zolltarif gesperrt, außer für Zucker, der zu einem billigen Zollsatz befördert wurde. Dagegen wurde der Überlandweg über Djulfa bei billigem Zollsatz offen gehalten, um die Ware nicht auf die türkische Konkurrenzlinie Trapezunt—Teheran zu drängen. Ausgenommen von dem Durchfuhrverbot waren Tee- und Postpakete[1]) über Batum. Vor allem Deutschland sollte dadurch betroffen werden, aber auch Österreich-Ungarn, Italien und andere Länder. Auch bei Postpaketen wurden viele Schwierigkeiten gemacht, indem sie in Zink- oder Weißblechkästen verpackt sein sollten. Nach Ausbau der Bahn nach Djulfa wurde auch dieser Transitverkehr geschlossen. Während also die Bahnverbindung nach Nordpersien durch Transkaukasien viel bequemer als über Trapezunt ist, ist der Bezug nichtrussischer Waren nur insoweit möglich, als sie nach dem russischen Zolltarif nicht über 2,60—2,80 R. per Pud Zoll kosten, während Postpakete zollfrei geblieben sind. Der größte Teil der Ware Mitteleuropas geht infolge der Schikanen Rußlands über Bagdad—Kermanschah ins Innere Persiens. Nach Nord- und Mittelpersien erfolgt die Einfuhr über Trapezunt—Täbris mit außerordentlich hohen Kosten.

Im September 1913 wurde die zollfreie Durchfuhr persischer Waren neben anderen Häfen auch über Odessa gestattet.

Im Kriege haben sich die Handelsbeziehungen Rußlands zu Persien bedeutend verschoben.

---

1) Die Versendung ausländischer Postpakete durch Transkaukasien nach Persien war 1883—1887 verboten.

In Mill. Kran betrug die Einfuhr nach Persien:

aus	1913/4	1917/8	1918/9	aus	1913/4	1917/8	1918/9
Rußland	355,8	107,5	33,4	Übertrag	606,1	428,8	427,8
England	97,6	107,1	113,8	Belgien	15,4	0,1	0,3
engl. Kolonien [1])	80,4	206	269,5	Österreich-Ungarn	8,9	—	—
Deutschland	30,4	—	—	Italien	5,6	0,1	0,4
Türkei	22,3	7	10,3	Ägypten	—	12	16,2
Frankr. u. Kolonien	19,6	1,2	0,8	anderen Ländern	11,1	26,9	31,5
Summa	606,1	428,8	427,8	Summa	647,1	467,9	476,2

Ebenso hat sich die Ausfuhr aus Persien verschoben.

Ausfuhr Persiens (Mill. Kran).

nach	1913/4	1917/8	1918/9	nach	1913/4	1917/8	1918/9
Rußland	302,1	162,1	52,9	Übertrag	430,8	297,0	207,5
Türkei	36,9	16,8	37,3	Oman	7,2	10	4,2
England	33,3	63	83	Ägypten	5	29,5	57,3
engl. Kolonien [1])	24	47,8	31,9	Frankr. u. Kolonien	4,6	—	0,1
niederl. Kolonien	13,8	—	—	Deutschland	3	—	—
Italien	10,5	—	—	Belgien	0,2	—	—
Vereinigte Staaten	10,2	7,3	2,4	anderen Ländern	5,4	2,2	1,8
Summa	430,8	297,0	207,5	Summa	456,2	338,7	270,9

England hat besonders den russischen Zuckerimport übernommen. 1918/19 führte es 4,6 Mill. Batman im Werte von 94,8 Mill. Kran ein, während Rußland nur 60000 Batman = 1,8 Mill. Kran importierte.

Balkan. Die Handelsbeziehungen Odessas zum Balkan und vor allem zur Türkei sind außerordentlich alt. Der Balkan und die Türkei kommen für Rußland auch als Absatzmärkte für Fabrikate in Betracht, z. B. Wäsche, Kleider, Pelze, Baumwollwaren. 1884 betrug die russische Ausfuhr dorthin 8,4 Mill. R., 1888 14,5 Mill. R., wobei sich die Steigerung auf die erwähnten Artikel bezog.

1901 wurde eine Konvention der russischen Schwarze-Meer-Dampfergesellschaften mit der serbischen Donaudampfergesellschaft, betreffs direkter Verbindung zwischen Odessa und der oberen Donau abgeschlossen. Ferner wurde 1901 ein neuer Eisenbahntarif für die Ausfuhr von Baumwollwareu nach dem Balkan erlassen. Nach dem neuen Eisenbahntarif kostete die Fracht von Lodz nach Odessa per Pud Baumwolle 41,9 Kop. statt bisher 100,56, für Garn 35,95 statt 71,90 Kop. Die Fracht von Odessa nach den

1) Vor allem Indien.

Schwarze-Meer-Häfen wurde auf 15 Kop. für Baumwollwaren und 13 Kop. für Garne festgesetzt, nach Smyrna und den griechischen Häfen auf 18 und 16 Kop.

Die russische Ausfuhr nach Serbien ging indessen zurück. Sie betrug 1906: 0,7 Mill. R., 1907: 0,5 Mill. R., 1908: 0,2 Mill. R., 1909: 0,2 Mill. R., 1910: 0,36 Mill. R.

1906 wurde über eine Konvention für direkten Verkehr mit Bulgarien über Burgas und Varna verhandelt. Die geringe Entfernung der russischen und bulgarischen Schwarze-Meer- und Donau-Häfen mußte Rußland große Vorteile bieten. Nach diesen Verhandlungen zeigte sich vorübergehend ein Ansteigen der russischen Einfuhr nach Bulgarien: Sie betrug 1906: 0,3 Mill R., 1907: 0,35 Mill. R., 1908: 0,46 Mill. R., 1909: 0,8 Mill. R., 1910: 0,2 Mill. R.

Die Ausfuhren nach Bulgarien erfolgen mit der russischen Donauflotte. Als Ausfuhrgüter kommen in Betracht: Petroleum, gesalzene Fische, Sonnenblumenöl, Mineralöl, Terpentin, Spiritus, Holzwaren, Mühlsteine, Kolonialwaren und viele andere Waren, die aber nur in kleinen Mengen abgesetzt wurden.

Als 1908 der Boykott österreichischer Waren auf der Balkanhalbinsel einsetzte, bildete sich in Odessa eine Gesellschaft Wostok für Errichtung von Musterlagern in der Türkei, die 1909 eine Generalagentur in Varna errichtete. Vor allem rechnete man auf die Ausfuhr von Getreide, Mehl, Zucker, Kohle, Spiritus, Petroleum. Die in Moskau gegründete russische Exportgesellschaft errichtete im Juni 1909 Filialen in Charbin, Konstantinopel, Jassy, weitere Niederlassungen in Afghanistan, Bulgarien, Nordpersien sollten folgen. Die Ausfuhr betraf Textilwaren, Packmaterial, Säcke, Stricke, Schnüre, Holzwaren, Leder, Parfümerien, Konditorwaren.

Im November 1909 ging eine schwimmende Ausstellung nach dem nahen Osten, die die bulgarischen Häfen, Konstantinopel, die kleinen und großen griechischen Häfen, die makedonischen Häfen, Port Said und Alexandria anlief und Manufakturwaren, Süßigkeiten, Naphtha, Petroleum, Lederwaren mit sich führte. Die Reise dauerte zwei Monate. Der Erfolg war aber nicht bedeutend, man fand die Waren gut, aber sehr teuer.

1910 ging ein besonderer Gesandter der Gesellschaft Wostok nach Belgrad, um den russisch-serbischen Handel, besonders die Ausfuhr von Pflügen zu beleben. Damals war beabsichtigt, ein russisches Handels- und Industriemuseum in Belgrad zu gründen.

1911 versuchte eine russische Reederei, ein Tarifabkommen mit den bulgarischen Eisenbahnen zu treffen. Diese legten indessen wenig Gewicht darauf.

In welcher Weise sich die russische Ausfuhr nach der Levante gestaltet hat, zeigt folgende Übersicht (in Mill. R.):

1906	1907	1908	1909	1910	1911/1912
15,25	19,3	22,8	27,7	27,9	über 30 Mill. R.

Auf dem russischen Kongreß der Industrie- und Handelsfirmen für Hebung der Ausfuhr nach dem Osten 1910 wurde auch eine Schiffsroute von Odessa nach Noworossysk, Batum, den anatolischen Häfen und zurück für notwendig, und eine russisch-ägyptische Linie: Noworossysk, Odessa, Smyrna, Alexandria, Port Said für wünschenswert erklärt.

Besonderes Interesse hat dabei für Odessa die Türkei, da es die ganze Alkoholausfuhr, einen großen Teil des Zuckers, des Mehls, des Kaviars und den größten Teil der Wollwaren und Fabrikate übernimmt. Es handelt sich da um Flittergoldfabrikate, Kupfer- und Eisenfabrikate, Maschinen, Gewehre, Baumwollfabrikate, Leinwand, Taue, Stricke.

1910/12 betrug im Durchschnitt die Ausfuhr aus Rußland nach der Türkei: 51,4 Mill. R., die Einfuhr nach Rußland 60,4 Mill. R., nach der türkischen Zollstatistik die Einfuhr aus Rußland 65 Mill., die Ausfuhr 50,4 Mill. Die Türkei bezog in 1000 M. aus Rußland 1913/14 Rinder 549, Butter 526, Getreide 4761, Alkohol 5413, Petroleum 758. Rußland bezog Sesamsaat für 1714, Puffbohnen für 328, Kleie 455, Früchte: Orangen, Zitronen, Mandarinen für 2015, Oliven für 795, Tierabfälle für 317, Wallonen für 524, Holz für 2925, Felle 925, Rohbaumwolle für 370.

1914 sollte zur Hebung der Ausfuhr nach Serbien, Bulgarien, Rumänien und anderen Balkanländern die Fracht auf $^2/_3$ der bisherigen ermäßigt werden, das Betriebsmaterial verstärkt und Elevatoren errichtet werden. Dadurch sollte besonders der österreichische Export getroffen werden.

III. Schiffsverkehr.

Allgemeines. Odessa steht hauptsächlich mit den Donauhäfen, Konstantinopel, Triest und den westlichen Mittelmeerhäfen, Messina, Genua, Marseille, den englischen Häfen, Liverpool, London, Hull, den Häfen des westlichen Kontinentaleuropas. Antwerpen, Rotterdam, Hamburg und Bremen in Verbindung.

Die Beziehungen Odessas sind also nicht sehr mannigfaltig. Sie beschränken sich hauptsächlich auf die anliegenden Länder und die Getreideabnehmer. Odessa kann auch nicht als Welthafen bezeichnet werden, da sein Verkehr nicht nach allen Seiten und allen Gebieten der Erde ausstrahlt.

Der Schiffsverkehr Odessas hängt im wesentlichen von der Getreideausfuhr ab, während die Einfuhr eine geringere Rolle spielt.[1]) Die mit Ladung ankommenden Schiffe weisen geringere Schwankungen auf, da die Einfuhr viel gleichmäßiger als die Ausfuhr ist.

Für Linienschiffahrt ist Odessa wegen seiner Lage in einem Binnenmeer mit gefährlichem Zugang, wegen seines Güterverkehrs (ausgehende Massengüter, eingehende Industrieprodukte) und wegen seines geringen Personenverkehrs (die Auswanderung erfolgt über die Ostsee) wenig geeignet.

A. Die russische Flagge.

Allgemeines. Die russische Flagge spielte früher im Schwarzen Meer eine geringe Rolle. Noch 1879 entfiel auf sie nur 10,34% des Lastengehalts. Die russischen Schiffe unterhielten meist Fahrten nach der Türkei (215 Schiffe) und den Donauhäfen (39), dem Balkan (13), während von 295 Schiffen nur 5, davon 1 Dampfer nach England gingen. Während 1895 auf die russische Flagge 826 Tsd. t = 7,2% des Gesamtauslandsverkehrs entfielen, womit sie an dritter Stelle stand, kamen auf sie 1912 1764 Tsd. t = 15,6%, womit sie an der zweiten Stelle stand.

Am 1. Januar 1913 kamen von der russischen Handelsflotte (in 1000 RT) auf das Schwarze und Asowsche Meer, Dampfer 230,8, auf die Ostsee 112,9, im ganzen auf offene Meere 375,9, Segler auf das Schwarze und Asowsche Meer 50,3, auf die Ostsee 72,9, auf offene Meere im ganzen 145,9.

Dieses Ansteigen der russischen Flagge ist vor allem dem Gesetz vom 27. Mai 1897 zuzuschreiben, wonach ab 1899 auch die sog. große Kabotage, der Verkehr zwischen russischen Häfen verschiedener Meere, der russischen Flagge vorbehalten wurde. Bis dahin war dieser Verkehr meist durch ausländische Schiffe erfolgt, z. B. kamen 1879 auf 142000 Lasten, die aus russischen Häfen in Südrußland eintrafen, nur 1000 russische = 0,74%. Nach der neuen

1) Vgl. Tafeln.

Regelung müssen sämtliche Anteile in russischen Händen sein und die Schiffe in eine Schiffsliste eingetragen sein. Indessen ist die sogenannte große Kabotage längst nicht so bedeutend als die kleine. Von 12. Mill. t Gesamtverkehr der großen und kleinen Kabotage rechnet man 11½ Mill. t auf den kleinen Küstenverkehr, einschließlich des Kaspischen Meeres, auf das wegen des bedeutenden Öltransports die Hälfte davon entfällt.

Der durchschnittliche Tonnengehalt betrug per Schiff für Dampfer im Schwarzen und Asowschen Meer 558,9 t, in der Ostsee 464,6 t, überhaupt in offenen Meeren 492 t, für Segler im Schwarzen und Asowschen Meer 19,6 t, in der Ostsee 28,4 t, in offenen Meeren 56,8 t.

Odessa steht in dieser Hinsicht nicht an der Spitze. Dies erklärt sich daraus, daß es auch den ganzen Lokalverkehr befriedigt, während Nikolajew vor allem die Getreideausfuhr nach den großen mitteleuropäischen Häfen erledigt. (Vgl. Tafel.)

Pläne zur Förderung der Schiffahrt. Angesichts der geringen Beteiligung der russischen Schiffe an der bedeutenden Seeausfuhr Rußlands[1]) wurden schon frühzeitig Pläne gefaßt, um sie zu fördern. Mit Hilfe der Regierung wurden die großen Schiffsgesellschaften gegründet, die in Odessa beheimatet sind. In dieselbe Kategorie fallen die Privilegien der Kabotageschiffahrt und die Gewährung von Subventionen[2]) für den Bau russischer Schiffe. Außerdem suchte man durch Verwaltungsmaßregeln eine straffere Zusammenfassung aller die Handelsschiffahrt betreffenden Maßnahmen zu erreichen. 1902 wurden die teils dem Finanzministerium, teils dem Ministerium der Wegeverbindungen unterstehenden Angelegenheiten der Handelsschiffahrt und Häfen einen eigenen Departement unterstellt; durch Errichtung von Schiffahrtsunternehmungen, Verbesserungen von Hafen- und Ladeeinrichtungen sollten die Interessen der Handelsschiffahrt gefördert werden.

Von 1908 bis 1913 war die zollfreie Einfuhr von Schiffen für den Bedarf der Handelsmarine gestattet. Die meisten Dampfer wurden aus England bezogen. Am 1. Januar 1913 waren von 384,4 Tsd. Brutto-Reg.-Tonnen 293,6 in England gebaut, 34,1 in

1) Vor dem Kriege wurden 80% der Ausfuhr Rußlands auf dem Wasserwege befördert. Von 1159 Mill. Pud der Seeausfuhr kamen nur 94 Mill. auf russische Schiffe = 8,1%, von 550 Mill. der Einfuhr nur 89 Mill. = 16%.

2) So wurden die Suezkanalgebühren zurückgezahlt, was von 1879—1906 8,6 Mill. R. für 922 Fahrten und 2,6 Mill. t betrug.

Deutschland, 24,3 in Österreich-Ungarn, 10,4 in Italien und nur 17,1 in Rußland.

Jedenfalls entsprach die russische Flotte nicht dem Handelsbedarf. Um 1910 wurde konstatiert, daß der Steigerung des Seehandels um 50% nur eine Zunahme der Handelsflotte von 4% entsprach. Sehr hinderlich für die Entwicklung einer eigenen Handelsmarine war auch die Bestimmung, daß bei Schiffen großer Fahrt drei Viertel der Besatzung Russen sein mußten.

Januar 1913 wurde ein neuer Prämientarif für den Bau von Dampfschiffen (105—65 R. per Reg.-Tonne, mit der Größe sinkend, außerdem 25 R. per Pferdestärke der Dampfmaschine) und Segelschiffen (84—52 R.) eingeführt.

Während des Krieges wurden folgende Grundsätze für die Unterstützung der russischen Schiffahrt aufgestellt:

1. Die russische Schiffahrt sollte unter ebenso günstigen Bedingungen arbeiten wie in anderen Ländern.

2. Die russische Schiffahrt sollte aktiven Anteil an dem Verkehr der wichtigsten Seestraßen nehmen. Als Subvention wurden Rückzahlungen der Gebühren für den Suezkanal und Panamakanal ins Auge gefaßt. Ferner sollte die zollfreie Einfuhr ausländischer Schiffe gestattet bleiben. Auf Grund eines zu errichtenden Schiffsregisters sollten Kredite gewährt werden. 100 Mill. R. sollten 1917 für Gründung von Schiffbauanlagen, Werften, Docks und Neubauten von Schiffen gegeben werden. 1917 betrug die russische Handelsflotte nur ½ Mill. t. Man wünschte damals ein weitgehendes Zusammenarbeiten mit England. Indessen dominierte die englische Flotte in sämtlichen russischen Häfen, mit Ausnahme einiger Ostseehäfen so, daß damit eigentlich nur die weitgehende ökonomische Abhängigkeit von England verewigt worden wäre.

Die russische Flagge in Odessa. Odessa ist derjenige Hafen des Schwarzen Meeres, in dem die russische Flagge relativ und absolut am meisten vertreten ist. Dies liegt daran, daß Odessa der Heimathafen mehrerer russischer Reedereien ist, während russische Schiffe, die nicht in Odessa beheimatet sind, nur wenig hier verkehren.

Am 1. Januar 1913 waren in Odessa an Dampfern eingetragen 157 300 Reg.-Tonnen, womit es im Schwarzen und Asowschen Meere bei weitem an erster Stelle stand. Über 10000 t besaßen noch Rostow (19400), Mariupol (20500), Taganrog (10200). Der Odessaer Schiffsraum verteilte sich auf die Russische Gesellschaft für

Dampfschiffahrt und Handel 71600, Freiwillige Flotte 41600, Nordische Dampfschiffahrtsgesellschaft 9100, die Russische Transport- und Versicherungsgesellschaft 7700, Russische Donau-Dampfschiffahrtsgesellschaft 2200, die Russisch-Ostasiatische Dampfer-Aktiengesellschaft 600, zusammen 149700 Netto-Reg.-Tonnen.

Segelschiffe besitzen für den Odessaer Verkehr nur eine geringe Bedeutung. Am 1. Januar 1913 waren in das Odessaer Schiffsregister 18500 Netto-Reg.-Tonnen eingetragen, im Schwarzen und Asowschen Meere überhaupt 50300 t.

Zur Geschichte der bedeutenderen Reedereien ist folgendes zu bemerken: Die Russische Gesellschaft für Dampfschiffahrt und Handel wurde 1856 mit Hilfe der russischen Regierung gegründet. Sie erhielt in den ersten Jahren 1,9 Mill. R. jährliche Subvention. Nach dem Vertrage von 1891 wurden ihr auf 15 Jahre 616000 R. jährlich zugesichert mit der Verpflichtung, einen regelmäßigen Dienst zwischen dem Schwarzen Meere und dem Mittelmeere bis Alexandria einzurichten. Die Gesellschaft unterhält vor allem den Küstenverkehr. Regelmäßige Auslandslinien befährt sie nur (mit Hilfe der erwähnten Subvention) nach dem Balkan und Alexandria und nach Persien. Für die persische Linie erhält sie jährlich 200000 R. Beihilfe. Außerdem befährt sie auf eigene Rechnung eine Linie nach Petersburg und anderen Ostseehäfen, ferner vom Schwarzen Meer nach Marseille und durch den Suezkanal nach Russisch-Ostasien. 1906 wurden 7 neue Dampfer, darunter einer von 7000 t, für eine neue Linie Wladiwostok angekauft, die von einer anderen Gesellschaft, zusammen mit der Russischen Dampfer- und Handelsgesellschaft betrieben werden sollte. 1907 mußte diese Gesellschaft die versuchsweise eingerichtete Linie nach New York als unrentabel aufgeben, dagegen richtet sie eine Linie nach dem Persischen Golf für Zuckerausfuhr ein. In demselben Jahre wurde eine neue Linie Odessa—Rostow—Konstantinopel—Alexandria eingelegt. Die Gesellschaft konnte 1907 keine Dividende verteilen.

Für die Zeit vom 1. Juli 1911 bis 1928 wurde von dieser Gesellschaft ein Vertrag mit dem Handelsministerium abgeschlossen, wonach sie einen regelmäßigen Dampferverkehr auf dem Schwarzen und Mittel-Meer in 7 Routen, meist von Odessa auslaufend, unterhalten sollte. Dafür sollte sie bis 1913 sechs neue Dampfer, bis 1917 zwei weitere in den Dienst stellen. Die Regierung verpflichtete sich Meilengelder von 2051 R., im ganzen höchstens 933000 R. jährlich zu bezahlen.

Nach dem Kriege beabsichtigte die Gesellschaft, eine Linie nach Lissabon und Brasilien einzurichten. Ferner wurde 1917 ein Vertrag zwischen dieser Gesellschaft und einer mit 10—15 Mill. Kr. Aktienkapital gegründeten Nordischen Rußlandlinie geschlossen. Die neue Linie wollte auch den Verkehr nach dem Schwarzen Meer unterhalten, gemeinsam mit der Russischen Dampfer- und Handelsgesellschaft. Beide Gesellschaften sollten in den Vertragsländern dieselbe Vergünstigung erhalten.

Im Küstenverkehr befährt die Russische Gesellschaft für Dampfschiffahrt und Handel die Krim- und Kaukasushäfen fünfmal monatlich, die bulgarischen und anatolischen Häfen vierzehntägig, die Linie Konstantinopel, Piräus, Smyrna, Alexandria zweimal wöchentlich, während der Verkehr von Otschakoff bis Cherson und Nikolajew täglich erfolgt.

Die Schiffe dieser Gesellschaft waren früher für den Reiseverkehr sehr schlecht, sollen sich aber in der letzten Zeit sehr verbessert haben. Der Hauptpersonenverkehr ist die Beförderung russischer Palästinapilger zu niedrigen Preisen.

Die Russische Freiwillige Flotte wurde während des russisch-türkischen Krieges 1878 als Hilfsunternehmen gegründet. Sie hat jetzt vor allem den Verkehr mit Ostasien aufrecht zu erhalten. Sie empfängt jährlich 600000 R. staatliche Unterstützung, wofür sie verpflichtet ist, 18 Fahrten nach Ostasien zu unternehmen. Die Transporte bestehen in Getreide und Mehl, außerdem nimmt sie aus Südrußland russische Mekkapilger mit, 1907 z. B. 18000 Mann. Diese Fahrten sind großenteils sehr verlustbringend, da die Schiffe aus Mangel an Ladung manchmal nur zu $1/4$ beladen werden. Infolgedessen sind ihre Frachtraten sehr hoch (vgl. oben Ostasien).

Seit 1903 unterhält sie besonders die Verbindung Libau—New York. Während des russisch-japanischen Krieges wurden ihre Schiffe für Truppentransporte verwendet. 1907 versuchte sie, Fahrten nach Argentinien und Brasilien zu unternehmen. 1908 wurde eine neue Linie Colombo—Wladiwostok eingerichtet.

1912 machte die Freiwillige Flotte 18 Fahren zwischen Wladiwostok und Odessa bzw. St. Petersburg. 1913 erfolgten 2 Fahrten der Freiwilligen Flotte nach Westeuropa: mit der „Jekaterinoslaw" im September von Odessa über Cherson nach Hamburg, im Dezember mit der „Cherson" von Odessa über Nikolajew nach Genua. Beide Fahrten sind vermutlich unrentabel gewesen. Es war um diese Zeit geplant, die Schiffe der Freiwilligen Flotte Reval, Riga, Windau, Libau, Kopenhagen, Petersburg, Antwerpen,

London, Algier auf der Ausreise nach Ostasien und auf der Rückreise anlaufen zu lassen, um den deutschen Handel und Schiffsverkehr auszuschalten.

1914 sollte die Unterstützung auf 178 Tsd. R. gekürzt werden, dafür ein zinsenloses Darlehn von 392 Tsd. R. auf 25 Jahre für Ankauf von Schiffen gewährt werden.

Die neu gegründete Südrussische Dampfergesellschaft, die von der Odessaer Handelsbank mit 20 Mill. R. finanziert ist, hat eine regelmäßige Dampferverbindung Odessa—London eingerichtet, wobei außerdem noch Hull angelaufen wird. Drei erstklassige Dampfer à 6 Tsd. t mit 14 Knoten Geschwindigkeit, die mit Kühlräumen ausgestattet sind, wurden sofort in den Dienst gestellt, während zwei neue Dampfer folgen sollten. Außer anderen Lebensmittteln wollte man nach London frischen Kaviar und Zucker befördern. Ein Teil der Fracht sollte in Nikolajew geladen werden. Infolge mäßiger Frachtraten rechnete man auf Rückfrachten. Nur wenige Räume für Klassenpassagiere und 300 Plätze im Zwischendeck wurden zur Verfügung gestellt.

Eine neue Linie Odessa—Südamerika ist von derselben Gesellschaft in Odessa eröffnet worden. 7 Dampfer von 7000 t und 12 Knoten Geschwindigkeit sind für diese Linie bereitgestellt worden. Als Anlaufhäfen sind in Betracht gezogen: Konstantinopel, der Piräus, Genua, Marseille, Gibraltar, Rio de Janeiro, Santos, Montevideo und Buenos Aires. Für 1500 Auswanderer und 250 Kabinenpassagiere ist Raum zur Verfügung gestellt. Auf der Heimfahrt soll Neuyork angelaufen werden, um dort landwirtschaftliche Maschinen für die Schwarze-Meer-Häfen zu besorgen.

Während des Krieges ist eine russisch-japanische Gesellschaft für regelmäßigen Dienst zwischen Japan und Odessa für Personen- und Güterbeförderung gegründet worden. Dabei dachte man an einen Austausch südrussischer Rohstoffe gegen japanische Industrieerzeugnisse. Mit dieser Neugründung steht wohl in Verbindung, daß 1915 12 Dampfer für russische Gesellschaften auf japanischen Werften in Auftrag gegeben wurden, darunter 8 erstklassige Passagierdampfer.

Während des Krieges wurden folgende Pläne zur Erweiterung des Schiffsverkehrs gefaßt. Die Verbindung mit Persien und den russischen Besitzungen in Zentralasien sollte erweitert werden, ebenso mit den Donauhäfen und dem Pruth. Eine neue Linie Odessa—Brasilien sollte mit Unterstützung Odessaer Banken eröffnet werden. Bahia, Rio de Janeiro und Santos sollten angelaufen werden. Rußland wollte Weizen besonders guter Qualität unter günstigen Bedingungen liefern, um Brasilien von den Vereinigten Staaten und Argentinien unabhängig zu machen, außerdem Benzin, Petroleum usw. Dafür wollte Rußland Kaffee und Paraguaytee beziehen.

Vom Schwarzen Meer sollten neue Linien nach Italien und Frankreich ausgehen, auch nach den Vereinigten Staaten, vor allem zur Beförderung von Auswanderern, wofür eventuell ein Monopol errichtet werden sollte. Die Linie Odessa—London für Lebensmitteltransporte sollte auch die russische Ausfuhr, die jetzt über Triest geht, übernehmen.

B. Fremde Flaggen.

Die britische Flagge. Die britische Flagge stand früher im Schwarzen Meer bei weitem an erster Stelle. Noch 1879 entfielen 50,07% des Lastengehalts auf die englische Flagge, 1888 62,1%, von da ab sinkend, was mit der stärkeren Versorgung Englands aus anderen Teilen der Welt zusammenhängt, 1898 52,5%, 1908 47,2%. Odessa ist derjenige Hafen des Schwarzen Meeres, in dem die britische Flagge am meisten zurückgegangen ist. 1882 entfielen auf diese noch über 50%. 562 Tsd. t von 1,073 Mill. t einkommender Schiffe. 1898 52⅓%, von da ab sinkend, 1899 44,2%, 1900 42%, 1901 44,3%, 1912 schließlich nur 34,9%. Dagegen herrscht die britische Flagge in anderen Häfen des Schwarzen Meeres noch stark vor, z. B. in Nikolajew mit 70,4%, in Cherson mit 87,5%.[1])

Englische Firmen haben die Versorgung des Getreideexports mit Schiffsraum in Händen.

In Odessa sind folgende englische Reedereien mit Linienfahrten vertreten:

Von Hull fährt die Wilsonlinie über Konstantinopel und Noworossysk ca. alle 3 Wochen bei 28 Tagen Fahrt, von Liverpool die Moßlinie über Gibraltar, Malta, Syra, Smyrna, alle 4 Wochen bei 24 Tagen Fahrt, von London die Westcott- und Laurence-Linie, auf der Ausreise Antwerpen, auf der Heimreise Alexandria berührend. England hat in seinen Steinkohlen eine Fracht, die die Fahrt lohnend macht.

Die deutsche Flagge. Die deutsche Flagge spielte früher im Schwarzen Meer keine große Rolle, 1879 noch kamen auf Deutschland nur 0,81% des Lastenverkehrs.

---

1) Vgl. die Tafeln.

1882 kamen in Odessa von 1,073 Mill. t auf deutsche Schiffe nur 27 Tsd t. Damit war Deutschland an sechster Stelle. 1897 betrug ihr Anteil nur $1\frac{2}{3}$%. 1898 stieg er auf $4\frac{1}{2}$%, infolge der starken Beteiligung der Levante-Linie, die die deutsche Ausfuhr nach Südrußland immer mehr übernahm. Viele Waren, die früher aus Süddeutschland über Triest oder donauabwärts gegangen waren, wurden jetzt über Hamburg und Antwerpen befördert. 1898 hatte sie namentlich die Getreideverschiffung über Odessa nach Hamburg übernommen und nahm von da aus regelmäßig Stückgüter mit: Eisen, Eisenwaren, Maschinen, Manufakturen, Farben, Drogen, getrocknete Rindshäute, Glaswaren. 1899 stieg der Anteil der deutschen Flagge auf 5,2%, 1900 auf 5,8%, um 1901 auf 3,6% zu sinken. 1903 beförderte die Levante-Linie 45000 t nach der Levante. Sie brachte aus Deutschland 21,6 Tsd. t, außerdem Waren aus New Castle, Swansea, Bordeaux, Neuyork, Algier, Lissabon. Die Verbindung Odessa—Neuyork war von der Levante-Linie zusammen mit der Hapag eingerichtet worden, mußte aber um 1904 als unrentabel eingestellt werden.

Ab 1. Januar 1905 wurde der sogenannte Levante-Tarif eingeführt, in den Odessa, Nikolajew und andere Häfen einbezogen wurden: mit verbilligter Frachtberechnung per Kilo ab jeder deutschen Haupteisenbahnstation.

1905 waren der Norddeutsche Lloyd und die Hapag an der Rückbeförderung von Soldaten aus Ostasien beteiligt. Infolgedessen rückte die deutsche Flagge im Gesamtverkehr an die zweite Stelle.

1906 wurden gemeinsame Fahrten des Norddeutschen Lloyd mit der Levante-Linie eingerichtet: eine vierzehntägige Verbindung für Personen- und Güterverkehr von Marseille bis Odessa und weiter bis Batum, die sogenannte Mittelmeer-Levante-Linie, wobei Konstantinopel, Smyrna, der Piräus, Neapel, Genua angelaufen wurden. 1907 schied die deutsche Levante-Linie aus dem Mittelmeer-Verkehr aus und betrieb nur noch die Strecke Odessa bis Hamburg, während der Norddeutsche Lloyd den Mittelmeer-Levante-Dienst übernahm. Als Ausfrachten sollten Wolle und Baumwolle, als Rückfrachten Eier, Hühner, Gänse, Petroleum, Holz, Getreide in Betracht kommen. Als neue deutsche Linie war 1906 die Atlas-Linie für den Verkehr Bremen, Rotterdam und Levante bis Odessa eingetreten. Die deutschen Linien mußten aber 1908 infolge niedriger Frachtraten ohne Gewinn fahren. 1910 stellte infolge lohnender Frachtgestaltung die deutsche Levante-

Linie 37000 t mehr in den Dienst, so daß auf sie 75200 t, den Norddeutschen Lloyd 34400 t kamen, außerdem noch einige kleinere Reedereien vertreten waren. 1913 stellte der Norddeutsche Lloyd seine Fahrten nach Odessa ein, was natürlich zu einer Verminderung der Beteiligung der deutschen Flagge führte. Anfang 1913 trat die Rickmers-Linie für den Verkehr Odessa — Lissabon — Antwerpen—Hamburg ein, während die Hamburg-Amerika-Linie einen Verkehr Odessa—Neuyork einrichtete.

Andere Flaggen. Als italienische Reedereien sind zu nennen Società nazionale di Servizio Maritimo und Florio Rubbatino.

Da der Österreichische Lloyd sich aus dem Odessaer Schiffsbetrieb immer mehr zurückzieht, sinkt naturgemäß der Anteil der österreichischen Flagge immer mehr. 1899 befuhr er nur die Linie Odessa—Kiew und Odessa—Alexandria. Früher hatte er noch die Linie Galatz—Odessa betrieben, von der er seit 1898 durch die Schwarze-Meer- und Donau-Dampfschiffahrts-Gesellschaft verdrängt wurde.

1907 wurde eine neue Linie für Getreide- und Holzausfuhr und Heringseinfuhr aus Norwegen mit den Endpunkten Odessa—Christiania eröffnet.

Die Verbindung Odessa—Marseille über Patras, Syra, Saloniki, Konstantinopel wurde früher durch die französische Linie Messageries Maritimes befahren, die bei 24tägiger Fahrtdauer alle 14 Tage ihre Schiffe laufen ließ, wobei 12 Tage auf die Fahrt Odessa—Marseille gerechnet waren. 1901 wurde die Linie eingestellt, 1903 wieder aufgenommen.

1910 eröffnet die Koningligke Nederlandsche Stoomboot Maatschappij eine Dampferlinie Odessa—Amsterdam, wodurch der Verkehr niederländischer Schiffe von 9,7 Tsd. t 1909 auf 42,2 Tsd. t 1910 stieg.

1911 wurde eine schwedische Levante-Linie eingerichtet, um Futtermittel zu holen und schwedische Industrieprodukte abzusetzen. Der Betrieb wurde aber wegen mangelnder Warenausfuhr bald eingeschränkt.

Früher bestand noch eine Dänisch-Russische Dampfergesellschaft, die 1898 18,5 Tsd. t Schiffsraum besaß. Sie unterhielt den Verkehr mit Ostasien. Sie scheint dem verschärften Kabotagegesetz zum Opfer gefallen zu sein.

C. Die Frachtrate.

Die Frachtrate aller russischen Seehäfen leidet unter der Differenz der Aus- und Einfuhr. Ein großer Teil der Schiffe kommt in Ballast an, was die Frachtrate natürlich erhöht. Die Odessaer Frachtrate wird speziell durch den Platzmangel im Hafen infolge der viel zu geringen Zahl der Anlageplätze beeinflußt.

Die Tonnenbilanz, das Verhältnis der beladen aus- und einfahrenden Schiffe ist für Odessa wie für alle Südhäfen deshalb ungünstig, weil Massengüter ausgeführt werden und Industrieprodukte, verhältnismäßig leichte und hochwertige Güter, eingeführt werden. 1880 liefen noch etwa 57% aller ankommenden Schiffe leer ein. 1884 betrug das Gewicht der Ausfuhr 69,4 Mill. Pud, der Einfuhr 26,8 Mill. 1900 kam von 1,022 Mill. t nur 822 Tsd. t mit Ladung an. 1901 von 1,533 Mill. t nur 808 Tsd. t. Das Gewicht der Aus- und Einfuhr betrug z. B. 1910 86,9 Mill. Pud gegen 18 Mill.; 1911 117 : 18,8; 1912 66,8 : 17,5; 1913 82 : 18,5; wir sehen also, daß die Einfuhr im wesentlichen sich gleichbleibt, während die Ausfuhr je nach dem Ertrage der Ernte schwankt. Ein einigermaßen angemessenes Verhältnis zwischen Ein- und Ausfuhrgewicht findet sich z. B. 1899 30 Mill : 59,7 Mill. und 1900 31,5 Mill. : 57,9 Mill., veranlaßt durch die bedeutende Steinkohleneinfuhr. Im übrigen ist das Verhältnis zwischen Ein- und Ausfuhr in anderen Südhäfen, bei denen die Einfuhr eine noch geringere Rolle spielt, viel ungünstiger, z. B. in Nikolajew, wo es teilweise 1 : 90 ist.

Vor Verbesserung der Hafeneinrichtungen in Cherson und Nikolajew hatte Odessa eine niedrigere Frachtrate als diese beiden Häfen: 1881 für Odessa 25 Sh. die Tonne Talg[1]), 27½ für Nikolajew. Der Frachtpreis stieg auf 37½, ab Odessa und 40 ab Nikolajew und betrug Mitte Oktober 45 und 47½, Ende Oktober 37½ und 40, am Schlusse des Jahres 25 und 26¼. Cherson hatte damals überhaupt noch keinen Verkehr mit dem Auslande. Im Durchschnitt war vor Ausbau der Zufahrtsstraßen die Frachtrate für Nikolajew und Cherson um 1 Sh. höher als für Odessa. Nach Verbesserung der Hafen- und Seestraßen regeln sich die Frachtraten für Odessa, Nikolajew und Cherson nach Angebot und Nachfrage, ausgenommen im Winter, wo sich noch die Überlegenheit Odessas fühlbar macht, da Nikolajew nur mit Eisbrecher, Cher-

1) Talg war früher ein so bedeutender Ausfuhrartikel Odessas, daß es sich als Maßeinheit für Frachtberechnung noch lange erhalten hat.

son aber überhaupt nicht offenzuhalten ist. Daher z. B. Ende März 1912, als Cherson selbst offen war, seine Zufahrtsstraße, der Dnjepr, vereist war, die Frachtrate 6 p. mehr als für Odessa betrug, ebenso September 1913, infolge beginnender Eisschwierigkeit für Nikolajew 1 Sh. mehr als für Odessa, ebenso im Januar 1912, 1½ Sh.

Die Frachtrate betrug im August 1910 von Nikolajew nach Westeuropa 8/9, von Cherson 8/6, von Odessa 10 Sh., da dieses mit Zufuhren reicher versehen war als jene. Die Frachtrate hängt nicht nur von der Beschäftigung im Schwarzen Meer, sondern auch von dem Bedarf an Schiffsraum in anderen Meeren ab, wo er evtl. vorteilhafter und besser verwendet werden kann als in dem stürmischen, schwer zugänglichen Schwarzen Meer. So ließ 1899 die glänzende argentinische Ernte und die dadurch bedingte Verwendung des Schiffsraums die Schwarze-Meer-Rate steigen. In einem derartigen Fall kann die sonst unwesentliche Entfernung von Odessa nach Cherson ins Gewicht fallen. Als z. B. im November 1911 der Schiffsraum für Kohlenfrachten im Mittelmeer dringend gebraucht wurde, stieg die Frachtrate für Odessa, für Cherson aber noch um 3—6 p. über Odessa.

1904 wurde die Frachtrate durch den Krieg und die dadurch veranlaßte Geschäftsstockung gedrückt. 1911 verteuerte der Krieg zwischen Italien und der Türkei die Kohlenfracht nach dem Mittelmeer. Außerdem wurde die italienische Tonnage aus dem Schwarzen und Mittelmeer ausgeschaltet. Beide Umstände hatten ein Anziehen der Frachtraten zur Folge. Der Krieg 1912 steigerte die Frachten durch Sperrung der Dardanellen außerordentlich. Der höchste Punkt war der 20. Oktober 1912, da für einige Gepäckstücke 1 Pfund 10 Sh. gefordert wurde (nach Kirkaldy 27 Sh. als höchste Frachtrate). Die Frachten fielen ebenso schnell, wie sie gestiegen waren. Am 20. November hatten sie den normalen Stand erreicht. In diesem Falle kam außer der Frachtrate auch die Versicherung gegen Kriegsgefahr und die bis 1% des Wertes betragende Kriegsprämie dazu. Außerdem verweigerten die russischen Banken die Diskontierung der Konnossemente. Der Balkankrieg 1913 hatte dagegen keine Steigerung der Frachtrate zur Folge, weil die Dardanellen nicht bedroht waren.

IV. Das Freihafenprojekt.

Angesichts des andauernden Rückgangs des Odessaer Handels wurde bereits 1909 die Errichtung eines Freihafens ins Auge gefaßt, der an Stelle des heutigen Quarantänehafens nach dem Muster der Freihäfen in Hamburg, Triest, Fiume eingerichtet werden sollte. Die Absicht war dabei, Odessa von dem Zwischenhandel Hamburgs und Londons usw. vor allem in überseeischen Produkten freizumachen. Odessa sollte ein Transitplatz für die Levante und den Balkan werden. Man wollte dabei die Stellung, die Odessa bereits von 1817—1859 innegehabt hatte, erneuern. In der Freihafenzeit hat sich Odessa, trotzdem die Freiheiten immer weiter eingeschränkt wurden, im großen und ganzen gut entwickelt. Damals spielte der Transit aus Frankreich und Deutschland nach dem Orient und aus der Levante nach Westeuropa eine große Rolle, bis der Konkurrenzneid russischer Kaufleute das Transitverbot durchsetzte. Besonders auf den Einfuhrhandel, der bei den Gewaltzöllen immer weiter zurückgeht, würde das Freihafenrecht einen belebenden Einfluß haben. Odessa sollte zur Handelsmetropole für Südrußland, den Balkan und Kleinasien gemacht werden. Transitgüter nach Russisch-Polen, die gegenwärtig noch über Triest gehen, könnten dann über Odessa—Bachmatsch befördert werden. Dadurch würden die Eisenbahnwagen, die gegenwärtig von den Getreidetransporten meist leer zurückfahren, für die Einfuhr verwendet werden. Ferner könnten die Getreidefrachten durch Schaffung von Rückfrachten verbilligt werden. Ein günstiger Einfluß wurde von dem Projekt auch für die Entwicklung der russischen Handelsmarine erhofft. Außerdem sollte sich in Südrußland eine Veredelungs-Industrie entwickeln, so daß der fördernde Einfluß dieses Planes sich auf das ganze Land erstrecken sollte, ähnlich wie in der ersten Freihafenzeit die Blüte Odessas mit der Südrußlands verbunden gewesen war.

Allerdings würde die Wirkung dieses Projektes von der nicht zu kleinlichen Gestaltung des Freihafenrechtes abhängen. Nach dem Projekt sollten im Freihafengebiet Lagerräume für Umpacken und Sortieren von Waren errichtet werden. Gegen die Zulassung der Verarbeitung von Waren hatte sich die Regierung vollständig ablehnend verhalten. Durchfuhrgüter müßten aus dem Freihafengebiet zweckmäßiger Weise zollfrei ins Ausland befördert werden. Die Bahnlinien müßten zweckentsprechend angelegt werden und zu besonders niedrigem Tarif die Zufuhr im Hafengebiet vermitteln. Noch 1913 hatte sich der Handelsminister ablehnend gegen das Freihafenprojekt verhalten. Während des Krieges hörte man von Plänen der Amerikaner, etwa von Samsun aus, durch Stichbahnen das umliegende Gebiet aufzuschließen und dort einen großen Transitplatz, der seine Güter bis nach Persien entsenden würde, anzulegen. Dies hat das Freihafenprojekt Odessas wieder aufleben lassen, da ein derartiger Hafen naturgemäß ein ernster Konkurrent wäre, der den Niedergang Odessas nur beschleunigen helfen würde.

V. Schluß.

Nach einem glänzenden Aufstiege, der in der Geschichte europäischer Großstädte beispiellos dasteht, ist Odessa in den letzten Jahren einem Stillstande verfallen, so daß es von anderen Häfen, die unter günstigeren Bedingungen stehen, überflügelt werden konnte. Nicht gering ist die Schuld der russischen Regierung, die nicht rechtzeitig genug, trotz wiederholter Warnungen, die mangelhaften Einrichtungen des Hafens zeitgemäß auszubauen suchte. Im wesentlichen aber liegt dieser Rückgang Odessas doch daran, daß es, während bisher Dnjepr, Dnjestr und Bug seine Zufahrtsstraßen waren, durch Unabhängigwerden der Nachbarhäfen diese billigen und leistungsfähigen Verbindungswege verloren hat. Für die Gestaltung der Zukunft Odessas ist in Betracht zu ziehen, daß in dem durch 7 Jahre von dem Auslande vollständig abgeschlossenen südrussischen Gebiet ein großes Einfuhrbedürfnis sich geltend machen wird. Ein großer Mangel an Maschinen und Werkzeugen, an Drogen und Chemikalien, bei der Lage der russischen Eisenindustrie auch an Roheisen und Stahl muß sich zeigen. Infolgedessen wird die Einfuhr bedeutend steigen. Die Gestaltung der Ausfuhr dagegen wird zunächst von dem Friedensvertrage abhängen. Mit dem Verlust Beßarabiens an Rumänien wird dessen Getreideausfuhr bald über die rumänischen Häfen geleitet werden. Ferner wird die Ausfuhr von Zucker, die in Odessa eine so bedeutende Rolle spielte, vorläufig vollständig wegfallen, da die russische Zuckerindustrie durch Mangel an Werkzeugen und schlechte Bearbeitung des Bodens ruiniert ist. Das gleiche wird von der Spiritusindustrie zu gelten haben. Für die Gestaltung der weiteren Schicksale Odessas kommt schließlich in Betracht, daß der Ferne Osten, wohin Odessa in den letzten Jahren für viele

Millionen Waren sandte, wohl endgültig als Absatzgebiet verloren ist.

Gegenwärtig ist der Hafen von Odessa für den ausländischen Verkehr wieder geöffnet. Angesichts des bolschewistischen Systems und der dauernden Bürgerkriege, angesichts des Mißtrauens, mit dem die „kapitalistischen" Staaten allen Maßnahmen der Sowjetregierung gegenüberstehen, kann auf eine gedeihliche Entwicklung des Außenhandels nicht gerechnet werden. Sobald die Schranken fallen werden, die der Unternehmertätigkeit in Rußland noch gezogen sind, darf infolge der jahrelangen Ausschaltung der Einfuhr mit einer bedeutenden Tätigkeit im Odessaer Hafen gerechnet werden. Wie lange diese Konjunktur für den Odessaer Handel andauert, wird von der Einsicht der leitenden Männer in die Bedürfnisse des Handelshafens Odessa abhängen. Als hauptsächlich nötig können nicht oft genug angeführt werden: technische Verbesserungen und Freiheit des Handels.

Literaturverzeichnis.

ANDREE: Geographie des Welthandels. Leipzig 1910. — Archiv für Kunde Rußlands. Berlin. — Archiv für Eisenbahnwesen 1885—1914.

BÄDEKER: Rußland. 1912. — Balkanrevue I—III. — BALLOD: Wirtschaftliche Lage Rußlands, Jahrbücher für Gesetzgebung, Verwaltung u. Volkswirtschaft. Leipzig 1898. — Berichte über Handel und Industrie 1899—1918. — Beßarabien, ca. 1912 (russ.). — Board of trade Journal 1900—1914. — Börse und Landwirtschaft in Rußland und Deutschland. Leipzig 1897. — Bote: Histor. Bd. 29 (russ.), S. 350ff. (Herzog Richelieu) (1887). — BOUSTEDT u. TRIETSCH: Das russische Reich in Europa und Asien. 1913. — BROCKHAUS: Encyklopädisches Wörterbuch (russ.). 1898. — BRÜCKNER: Europäisiernng Rußlands. Gotha 1888. — BÜRGEL: Russisches Getreide, Schmollers Jahrbuch Bd. 24, S. 674. — BUSCHEN: Aperçu statistique des forces productives de la Russie. Paris 1867.

CASTELNAU: Essai sur l'histoire ancienne et moderne de la nouvelle Russie. Paris 1827. — Consular reports 1899—1914. — CORDEMOY, DE: Les ports modernes. Paris 1900.

DEUTSCHLÄNDER u. KUNIS: Handel mit Getreide. Leipzig 1906. — DRAGE: Russian affairs. London 1904. — DULLO: Geschichte und Charakter des Seehandels der größten deutschen Ostseeplätze. Staatswissenschaftl. Studien, 2. Bd., 3. H. Jena 1888. — DUMITRESCU: Weizenpreis, -anbaufläche und -import in England, 1898—1911. Bukarest 1915. — DUNGER: Die Donau als Verkehrsweg. Europ. Staats- u. Wirtschaftsztg. 1916, S. 234.

EBNER, K.: Flößerei und Schiffahrt auf Binnengewässern mit besonderer Berücksichtigung der Holztransporte in Österreich, Deutschland und Westrußland. Wien u. Leipzig 1912. — Encyclopedia Britannica. Cambridge 1911. — ENGELBRECHT: Landwirtschaftl. Atlas des russischen Reiches in Europa und Asien. Berlin 1916. — Entwicklung der deutschen Seeinteressen im letzten

Jahrzehnt, zusammengestellt im Reichsmarineamt. Berlin 1905. — ERSCH u. GRUBER: Realenzyklopädie. — Ežegodnik Rossii 1904—1915.

FEDOROW, M. P.: Der Getreidehandel in den Haupthäfen Rußlands. Moskau 1888. — FITGER: Wirtschaftliche und technische Entwicklung der Seeschiffahrt. Leipzig 1902. — FLAGGE: Deutsche in außerdeutschen Häfen. Statistik des Deutschen Reiches. Ergänzungs- u. Sonderhefte 1904—1912. — FRECH: Bedeutung der Ukraine für den Weltkrieg. München 1917.

GAMBA: Voyage dans la Russie méridionale. Paris 1826. — GROTEWOLD: Die deutsche Schiffahrt. Stuttgart 1914.

HAGEMEISTER, J. DE: Mémoire sur le Commerce des ports de la Nouvelle Russie, de la Moldavie et de la Valachie. Odessa 1835. — Handbuch, praktisches für den Seeverkehr 1913. — Handbuch des Norddeutschen Lloyds 1910/11. — Handelsarchiv 1847—1918. — HARMS: Deutschlands Anteil am Welthandel u. Weltschiffahrt. Duisburg 1916. — Holländische Konsulatsberichte (Holl.) — HRUSCHEWSKY: Geschichte des ukrainischen Volks. Bd. I.

ISCHCHANIAN: Die ausländischen Elemente in der russischen Volkswirtschaft. Berlin 1913.

JÖHLINGER: Technik des rheinisch westfälischen Getreidehandels. Zeitschr. f. handelswissenschaftl. Forsch. 1906/7. — JUROWSKI: Der russische Getreideexport. Stuttgart u. Berlin 1910.

KANTOROWICZ, Franz: Rubelkurs und russische Getreideausfuhr. Staatswissenschaftl. Studien, Bd. 6, H. 3. Jena 1896. — KAUFMANN, W.: Welt-Zuckerindustrie und internationales und koloniales Recht. Berlin 1904. — KERTESZ: Textilindustrie sämtlicher Staaten. Braunschweig 1917. — KIRCALDY, A. British shipping. London 1914. — KIRPITSCHNIKOW: 100 Jahre Odessaer Geschichte (russ.) Histor. Bote 1894, S. 389—411. — KOEPPEN: Über den Kornbedarf Rußlands. Petersburg 1842. — KOHL, J. G.: Reisen nach Süd-Rußland. Dresden 1841. — KOLB: Vergleichende Statistik. 1879. — KOWALEWSKY: La Russie à la fin du XIX. siècle. Paris 1900. — Derselbe: Die Produktivkräfte Rußlands. Leipzig 1898. — KRASSNOW u. WOEJKOW: Rußland 1907. — KRASZEWSKI: Erinnerungen an Odessa usw. (poln.). Wilna 1847.

LANZ: Ukraina. Berlin 1918. — LECHEVALIER: Reise durch Propontis und Pontus Euxinus. Liegnitz u. Leipzig 1801. — LENGENFELD, Th. v.: Rußland im 19. Jahrhundert. Berlin 1875. — LUTHER, G.: Der Neubau des Hafens von Odessa. Braunschweig 1889. — Lotsenhandbuch des Schwarzen Meeres, 5. Aufl. (russ.). Petersburg 1915.

MATHAEI: Die wirtschaftlichen Hilfsquellen Rußlands. Dresden 1885. — MAURIZIO, A.: Die Getreidenahrung im Wandel der Zeit. Zürich 1916. — MERCZJNSKI: Die elektrischen Anlagen der russischen Wasserstraßen. Münster 1902. — MILLER: Der russische Transithandel. Jahrb. f. Nationalökonmie u. Statistik, 3. F., Bd. 34, S. 663. Jena 1907. — MORTON, Ed.: Travels in Russia. London 1830. — MULHALL: Dictionary of Statistics. 2. Aufl.

Nachrichten für Handel, Industrie u. Landwirtschaft 1899—1918. — NAUTICUS: 1899—1914. — NADOLNY, R.: Verkehr nach Rußland. Berlin 1913. — NIKOLAI-ON: Die russische Volkswirtschaft. 1899. — NECHWILLE, Wenzel: Der österr.-ungar. Holzexport. Diss. Pardubitz 1913.

Odessaer Gesellschaft für Geschichte und Altertum, Schriften der (russ.). Odessa 1848, Bd. II: Brun, Der auswärtige Handel Neurußlands und Bessarabiens 1846, S. 357—383. S. 719: Mursakiewicz, Betrachtungen des Ritters von Myslowski über den Getreidehandel von Galizien nach Odessa. (Besprechung.)

1853, Bd. III: Smoljaninow, Zur Geschichte Odessas. S. 338—432. 1894, S. 1—72: Markiewicz, Chadzibey, Der Vorgänger Odessas. 1893, S. 54—116: Markiewicz, Urkunden zur Geschichte Odessas. — OPPEL: Baumwolle. Leipzig 1902. — OSWALD: Mannheims Umschlagsverkehr. Diss. Heidelberg 1908. — Osteurop. Zukunft 1916/7. — Österreichischer Lloyd 1837—49. — Österreichische Konsulatsberichte 1913.

PERLMANN: Die Bewegung der Weizenpreise und ihre Ursachen. Königsberg 1912. — PETERSON and STEVENI: How to business with Russia, London (ca. 1918).

RADYMSKI: Industrie und Gewerbeverhältnisse in Persien. 1909. — RAFFALOWICH: Russia, its trade and commerce. London 1918. — Rapports commerciaux. — RECLUS, E.: Nouvelle géographie universelle. Bd. V. Paris 1880. — REDEN: Das Kaiserreich Rußland. Berlin 1843. — REUILLY: Voyage en Crimée et sur les bords de la mer Noire pendant l'année 1803. Paris 1806. — RIBAS, A. DE: Alt-Odessa (russ.). Odessa 1913. — RICHELIEU, Herzog A. E. DE: Dokumente und Papiere über sein Leben und seine Wirksamkeit (franz. m. russ. Einl.). Schriften d. kais. russ. hist. Ges. Bd. 54. 1886. — RUBINOW, J. M.: Russias wheat trade. Washington 1908. — Derselbe: Russian wheat and wheat flour in european markets. Washington 1908. — RUBAKOW u. BELOW: Unsere Verkehrswege (russ.). Petersburg 1882. — RUDNYCKI: Ukraina. Wien 1916. — Russian Yearbook 1911—1917. London. — Russische Revue.

Schiff, Das, 1890—1914. — SCHEER: Geschichte des Welthandels. 1879. — SCHLESINGER: Land und Leute Rußlands. Berlin 1909. — Derselbe: Rußland im 20. Jahrhundert. Berlin 1908. — SCHNEIDER, R.: Petroleumhandel. Tübingen 1902. — SCHNITZLER: La Russie, la Pologne et la Finlande. 1835. — Schwedische Konsulatsberichte (schwed.). — Segelhandbuch für das Schwarze Meer. Berlin 1906. — SSELICHOW: Russische Müllerei im Kampfe mit der deutschen Konkurrenz auf dem internationalen Markt (russ.). Petersburg 1912. — SSEMENOW u. KASPEROW: Rußlands Landwirtschaft und Getreidehandel. München 1901. — Statistisches Sammelwerk des Verkehrsministeriums (russ.). Petersburg 1898. — Staats- und Wirtschaftszeitung, Europäische. 1916. — STORCH, H.: Hist.-statist. Gemälde des russ. Reiches am Ende des 18. Jahrhunderts. Riga 1797 ff. — Derselbe: Suppl.-Bd. zum 5. u. 6. Teil des hist.-statist. Gemäldes d. russ. Reiches. Leipzig 1803.

TENGOBORSKI: Études sur les forces productives de la Russie. Paris 1854. — TIMONOFF: Canaux maritimes aux embouchures du Dnjèpre et du Boug. Berlin 1902.

Übersichten des russischen Handels (russ.: „обзоры“). Petersburg 1902—1914.

VELTMANN: Die Versorgung Deutschlands mit Nutzholz. Schmollers Jahrb. Bd. 27, S. 999. 1903. — VSEWOLOWSKY: Dictionnaire géographique historique de l'empire de Russie. 3. Aufl. Petersburg 1833.

Weltwirtschaftliches Archiv. — Westrußland und seine Bedeutung für Mitteleuropa. — WILSON: Erläuterungen zum wirtschaftsstatistischen Atlas Rußlands (russ.). Petersburg 1869. — WINTERS: Organisation des südrussischen Getreidehandels. Schmollers Jahrb. Bd. 29. 1905. — Wirtschaftszeitung, Deutsche, Bd. 8/9. — Wörterbuch, Geographisches (russ.). Moskau 1805.

ZUCKERMANN: Die landwirtschaftliche Produktion Rußlands und der deutsche Markt. Berlin 1917.

Statistische Übersichten.

Ein- und Ausfuhr Rußlands und seiner Haupthäfen. — Ein- und Ausfuhr der Südmeere und der Ostsee. — Einfuhr Odessas und Verteilung auf Einfuhrklassen. — Zolleinnahmen Odessas. — Einfuhr Odessas. — Ausfuhr Odessas und Verteilung auf die Ausfuhrklassen. — Ausfuhr Odessas. — Getreideausfuhr Rußlands. — Getreideausfuhr Rußlands und der Haupthäfen. — Getreideausfuhr Odessas nach den verschiedenen Ländern. — Weizen- und Roggenausfuhr Odessas nach den verschiedenen Ländern. — Gerste- und Maisausfuhr Odessas nach den verschiedenen Ländern. — Baumwolleinfuhr. — Schiffsverkehr Odessas in großer Fahrt. — Odessas Einfuhr mit Schiffen der deutschen Levantelinie. — Odessas Schiffsverkehr in ausländischer Fahrt. — Schiffsverkehr von Odessa, Petersburg, Riga, Windau. — Mittlere Frachten von Odessa und Nikolajew. — Kabotageverkehr zwischen dem Schwarzen und Asowschen Meer und der Ostsee. — Große Kabotage auf dem Schwarzen und Asowschen Meere. — Große Kabotage in Odessa. — Kabotageverkehr zwischen Odessa und Petersburg. — Kabotageverkehr zwischen Odessa und Libau. — Kabotageverkehr zwischen Odessa und Riga. — Kabotageverkehr zwischen Odessa und Reval. — Kabotageverkehr zwischen Odessa und Archangelsk. — Kabotageverkehr mit dem Fernen Osten. — Kabotageverkehr des Schwarzen und Asowschen Meeres. — Kleine Kabotage in Odessa. — Zufuhr nach Odessa mit kleiner Kabotage. — Übersicht des Warenverkehrs mit kleiner Kabotage auf dem Schwarzen und Asowschen Meer. — Ausfuhr Odessas mit kleiner Kabotage. — Ausfuhr Akkermans mit kleiner Kabotage. — Kabotageverkehr Chersons und Nikolajews.

Ein- und Ausfuhr Rußlands und seiner Haupthäfen. (Nach „обзоры".)

in Mill. Rubel	1897	1898	1899	1900	1901	1902	1903	1904	1905	1906	1907	1908	1909	1910	1911	1912	1913	1914
Rußland Einf.	556	617,5	650,5	626,4	593,4	599,2	681,7	651,4	635,1	800,7	847,4	912,7	906,3	1084,4	1161,7	1171,8	1374	1098
„ Ausf.	726,6	732,7	627	716,4	761,6	860,3	1001,2	1006,4	1077,3	1094,9	1053	998,3	1427,7	1449,1	1591,4	1518,8	1540,2	956
Eur. Schwarze-Meer-Grenze E.						62,7	57,1	54,1	52,3	58,3	56,7	51,4	47,6	56,9	63,6	67,4	67,6	55,7
Eur. Schwarze-Meer-Grenze A.		169,5	106,5	97,6	136,5	214,2	252,8	210	221,5	234,2	216,1	184,3	269,1	280,7	321,3	254,3	249,2	114
Asowsch. Meer-Grenze E. . . .						4,3	3,3	4,9	6,3	6,1	5,1	4,6	4,6	4,2	5,4	6	7,2	4,5
Asowsch. Meer-Grenze A. . . .		88,2	79,2	79,5	70,7	91,7	115,4	143,4	163,1	111,2	124,4	125	226,1	234,7	189,9	180	175,3	108,5
Odessa E.	66,2	62,8	58,8	59,8	68,5	61,7	55,8	52,8	53,1	60	58,5	50,5	46,8	56,2	61,4	55,2	65,8	51,8
„ A. . . .	100,2	88,1	65,2	57,6	78	115,9	127,7	96,1	80	95,5	90,5	62,2	68,1	80,4	113,2	81,9	87,2	36,1
Nikolajeff E. . .	1,9	1,6	1,2	0,9	0,8	0,1	1,1	0,03	0,06	0,2	0,2	0,01	0,005	0,02	0,006	0,01	0,26	1,7
„ A. . .	58,8	53,5	26,8	23,6	41,1	67,2	87	72,2	79,2	80,3	55,8	60,6	110,2	108,4	88,3	62,7	71,9	35,8
Cherson E. . . .	—	—	—	—	—	—	—	—	—	—	—	0,006	—	0,02	0,02	0,02	0,04	0,04
„ A. . . .	—	—	—	—	—	0,8	1	4,3	18,4	17,2	35,5	35,1	46,7	43,9	54,3	27,6	41,7	16,9
Petersburg E. .	108,3	119,8	123,1	116,1	95,2	98,8	112,6	106,3	122,3	119,3	120,3	115,7	125,4	149,8	149,8	157,1	215,1	126,4
„ A. .	71	66,6	51,8	74,8	72,6	58,9	55,2	65,2	87,9	74,1	67,3	73,8	106,8	114,1	118,8	108,3	134,2	60,8
Riga E.	31,8	41,9	61,6	42	36,6	37,5	50,5	51,5	47,7	57,7	61,9	66,9	63,4	90,5	95,4	99,3	135,1	85,9
„ A.	58,8	65,9	65,4	60,6	73,6	83,9	121,6	118,2	124,8	142,5	132,4	120	160,9	178,1	179	214,5	202,8	108,9
Reval E.	42,5	46,2	50,4	56,4	43,7	46,5	59,6	74,3	51,5	62,1	63,4	80,8	53,8	66,2	70,7	71,4	78,2	69
„ A.	29,4	31,2	20,1	32,1	31,3	27,9	25	28,4	23,3	19	17	17,3	26,6	24,9	27,9	21,6	21,5	18,6
Libau E.			16,4	24,7	18,2	15,7	14,6	15,2	13	15,7	21,6	25,3	27,5	30,9	36,6	38,3	39,8	30,5
„ A.	35,9	31,7	33,9	55,8	51,9	39,2	31,3	35,7	46	28,8	27,7	22,9	46,6	46,6	57,3	64,7	40,6	20,6

Ein- und Ausfuhr der Südmeere und der Ostsee.
(Nach „обзоры“.)

	Baltische Häfen in Mill. Pud			Schwar-ze Meer-Häfen in Mill. Pud			Baltische Häfen in Mill. Rubel			Schwarze-Meer-Häfen in Mill. Rubel		
	Ausfuhr	Einfuhr	Zus.	Ausfuhr	Einfuhr	Zus.	Ausfuhr	Einfuhr	Zus.	Ausfuhr	Einfuhr	Zus.
1909	359,8	277,6	637,4	669,7	28,8	689,5	400,6	297,3	697,9	495,2	52,2	547,4
1910	389,5	293,7	633,2	769,6	27,1	796,7	437,3	352,5	789,8	515,4	61,1	576,5
1911	373,4	329	702,4	725,9	34,5	760,4	464,7	382,9	847,6	510,2	69	579,2
1912	336,2	378,4	714,6	513,3	34	549,3	499,5	396	895,5	369,9	63,4	432,3
1913	341,9	479	820,9	645,9	62,1	708						
Sa.	1800,8	1757,7	3558,5	3326,4	186,5	3512,9						

Einfuhr Odessas und Verteilung auf Einfuhrklassen.
(Nach „обзоры“.)

in Mill. Rubel	1909	1910	1911	1912
Lebensmittel	18,1	19,9	20,6	20,2
davon verzollt	14,8	18,3	19,7	19,5
Rohstoffe und Halbfabrikate	24,6	29,6	30,7	26,4
davon verzollt	24,1	28,7	30,8	26,5
Fabrikate	3,4	5,9	10	8,6
davon verzollt	4,8	8,1	12,8	10,9
Gesamteinfuhr	46,1	55,5	61,3	55,2
davon verzollt	43,6	55,1	63,2	56,9
Einfuhr in Mill. Pud	14,6	17,1	19,4	18,3
davon verzollt	13,9	16,9	18,8	17,4

Zolleinnahmen Odessas. (Nach „обзоры“.)
(1913/14 nach Engl. Kons.-Ber. ergänzt.)

	1899	1900	1901	1902	1903	1904	1905	1906
Mill. Rubel	24,8	23,9	29,9	31,5	29,4	28,4	27,7	30,1
% der russ. Zoll-Einn.	10,89	11,18	13,18	13,67	12	12,34	12,41	11,92
	1907	**1908**	**1909**	**1910**	**1911**	**1912**	**1913**	**1914**
Mill. Rubel	28,3	26,4	26,2	30,1	30,6	29	3,15	2,36
% der russ. Zoll-Einn.	10,51	9,21	9,32	9,45	9,07	8,63	Mill. £	Mill. £

Einfuhr Odessas. (Nach den deutschen Konsulatsberichten,

in 1000 Pud	1898	1899	1900	1901	1902	1903
Frische Apfelsinen und Zitronen	681	1469	1475	1674	1330	1587
Feigen, Datteln, Rosinen	81	76	67	79	84	83
Kapern, Oliven (getrocknet)	117	117	87	91	90	78
Nüsse	370	316,3	285	380	311	343
Nelken, Zimt, Pfeffer, Ingwer, Sternanis	70	69,8	75	86	93	102
Kaffee	137	126	124	147	164	139
Tee	145	184	242	253	341	319
Tabak in Blättern	9,3	8,5	8	7	6	8
Arrak, Rum, Liköre: in Fässern	1,6	2,4	4	4	3	4
Arrak, Rum, Liköre: in Flaschen (1000)			64	80	81	99
Wein in Fässern	37,6	47,7	38	31	22	25
Schaumwein in Flaschen (1000)	52,7	59,8	68	74	75	83
Marinierte Fische, Sardinen	42,1	39,1	47	58	62	54
Kopra, Rizinussamen	505	1027	443	739	796	1268
Ziegelsteine, Dachpfannen	1264	1654	434	784	1262	1478
Steinkohlen	2010	9934	12052	6026	1094	911
Kolophonium	230,2	254,1	119	239	231	205
Ungereinigtes Ätznatron	74,5	51,6	36	9	4	17
Kupfervitriol	11,9	5	11	7	13	11
Pflanzenöl	181,5	188,7	152	201	226	176
Eichenrinde (Gerbstoff)	602	626,5	553	476	497	547
Farbstoffe (natürliche)	130,6	126,4	118	102	105	125
Blei- und Zinkweiß	113	71,2	73	74	86	100
Grünspan	16,4	13,6	12	13	19	21
Roheisen	102,8	120	8	29	10	1
Eisen und Eisenblech	2371	2385	746	860	757	727
Stahl	46,3	211,4	103	110	76	64
Zinn	69,3	36,7	58	33	47	55
Blei	186	172,7	149	284	220	304
Blechwaren	50,4	35,5	21	22	23	22
Sensen, Sicheln usw.	27,9	22,8	18	23	21	23
Handwerkszeug	55,2	55,3	53	53	52	60
Maschinen und Apparate	125,4	} 297	} 197	} 137	72	79
Maschinenteile					43	57
Landwirtschaftliche Maschinen	137	113	66	106	62	60
Lokomobilen	—	—	—	46	64	63
Zement	—	79,3				
Schreibpapier u. ähnl.	7	28,6	?	10	66	6
Zeresin (Erdwachs)	43,7	32	26	36	58	63
Rohbaumwolle	2774	1533,4	655	1958	1510	1091
Rohjute	172,3	121,2	137	252	351	293
Nähgarn (Baumwollengarn)	5,5	18,7	4	2	6	5
Wollgewebe	2,5	5	?	3	3	3
Baumwollgewebe						
Korkholz						

1914 ergänzt nach den schwedischen Konsulatsberichten.)

1904	1905	1906	1907	1908	1909	1910	1911	1912	1913	1914
1454	1213	1339	1382	1247	1911	2400	3146	2240	2516	1791
76	80	121	240	84	97	87	111	99	122	
59	53	80	98	55	107	169	89	147	164	94,7
400	364	491	524	372	290	725	829	737	937	662,2
87	92	89	119	93	102	147	145	197	152	105,4
143	145	133	150	145	130	147	156	156	156	
378	549	427	282	554	258	274	293	257	289	221,9
4	35	4	4	35	4	3	2	2	1,5	1,6
3	3	12	12	0,02	1	3	3	2	2	2,2
63	71	21	884	—	18	15	20	18	20	15,1
20	17	25	38	17	15	19	22	15	20	14,2
74	83	27	3	14	20	18	26	23	23	14,9
				1000 Pud						
72	48	70	78	49	82	86	104	76	89	54,3
574	869	878	1166	883	1433	2184	2226	1538	1124	715,8
909	728	386	146	738	123	135	181	204	172	166,3
762	1648	3245	1132	1799	789	1279	1100	83	12179	3280
201	125	177	154	127	154	143	231	192	193	152
214	1/4	?	154	0,3	0,4	0,5	0,2	0,9	0,8	
25	?	?	130	0,8	3	9	12	21	28	91,2
194	155	154	130	157	69	104	101	93	92	55,7
490	691	561	714	636	501	501	500	310	379	288,3
130	115	80	42	120	142	101	44	45	51	25,5
70	48	39	50	48	51	59	70	30	51	56,8
26	26	17	21	26	28	35	36	27	31	29,4
19	14	10	—	15	—	—	—	140	7	21,5
513	389	332	273	296	385	326	379	259	294	310,6
60	590	38	34	60	26	69	62	52	40	41,8
39	57	37	37	58	49	43	45	32	36	42,3
242	242	77	155	245	174	196	177	106	172	142
18	15	37	—	—	34	22	19	14	11	11,2
18	23	25	30	23	24	31	35	25	19	23,2
50	37	37	35	38	52	75	77	61	34	49,7
80	68	29	0,7	66	1	7	6	1	2	381,7
51	55	120	—	55	34	23	26	33	24	
39	35	43	19	35	32	70	121	165	147	49,5
60	35	16	40	35	19	100	134	82	87	99,4
				—	—	—	—	1089	152	26,8
5	4	3/4	10	4	6	10	13	11	9	
56	53	74	64	56	55	56	69	67	54	48,1
1179	663	952	1262	702	872	757	917	876	775	430,7
333	250	213	283	263	230	480	544	580	597	336,9
5	5	4	4	1	9	8	6	2	0,9	
2	4	3	4	4	5	5	5	5	4	
				4	3	3	1	0,3	0,2	
				—	—	—	368	363	303	256,8

Ausfuhr Odessas und Verteilung auf

		1900	1901	1902	1903	1904
In Mill. Pud		59,4	88,3	139,2	127,5	110,1
In Mill. Rubel		57,6	77,9	115,9	155,1	96
Davon Lebensmittel	Mill. Rbl.	47,8	67,8	106,6	117	86,4
Rohstoffe u. Halbfabrikate	Mill. Rbl.	7,1	6,3	5,6	6,6	6,1
Tiere	Mill. Rbl.	0,9	0,9	0,9	0,8	0,5
Fabrikate	Mill. Rbl.	1,9	2,8	2,7	3	3,1

Ausfuhr Odessas. (Nach den

		1898	1899	1900	1901	1902	1903
Weizen (in Mill. Pud)		33,2	17	22	27,6	44,5	69,5
Roggen „ „ „		8,8	5,7	8	13,4	20,6	20,9
Gerste „ „ „		29,7	10,8	8,9	19,4	18,3	31,6
Hafer „ „ „		0,6	0,4	0,5	0,9	1,4	1,1
Mais „ „ „		19,3	14	6,2	13,6	39,4	17,8
Erbsen (in 1000 Pud)		549	758	466	212	459	773
Bohnen „ „ „		835	798,5	309	472	928	187
Faseolen „ „ „							681
Linsen „ „ „							86
Weizenmehl	(in 1000 Pud)	1768,9	1211	1836	2064	1835	2566
Butter	(in 1000 Pud)	33,7	10,2	34	53	35	7
Roter Kaviar	(in 1000 Pud)	100,8	64,4	82	62	97	66
Verschied. Kaviar	(in 1000 Pud)	8,9	3,3	5	5	4	
Gesalzene Fische	(in 1000 Pud)	290	196	286	266	313	379
Kleie	(in 1000 Pud)	344	351,3	557	834	1156	911
Zucker	(in 1000 Pud)	2293	2084	3282	2324	1187	2451
Spiritus (in Mill. Grad)		73,8	59	43	48	70,9	12833 Faß
Holz (in Mill. Pud)		2,3	1,3	2,3	2	1,7	10,4
Faßdauben		440	256	287	—	606	
Leinsamen	(in 1000 Pud)	768	1420	787	48	235	174
Hanfsaat	(in 1000 Pud)	58	93	58	115	178	99
Raps und Rübsen	(in 1000 Pud)	645	890	334	47	235	3
Ölkuchen	(in 1000 Pud)	2434	1705	1581	1449	1639	1997
Rohhäute	(in 1000 Pud)	37,3	13,3	50	42	19	20
Gegerbte Häute	(in 1000 Pud)	5,6	?	3	8	1	
Wolle	(in 1000 Pud)	125	348	125	106	89	57
Talg	(in 1000 Pud)	67	55	56	60	53	37
Mineralöl		—		13	14	15	—
Geflügel (in 1000 Stück)		371,3	165	359	250	993,2	
Ochsen (Stück)		6051	4356	5970	4386	3015	1999
Schafe „		74356	65989	36651	77426	12183	37803
Pferde „		1910	660	230	555	779	—
Taue (in 1000 Pud)		14,5	5	13	20	12	—
Leinwand (in 1000 Pud)		0,5	0,2	1	5	1	
Tuche (in 1000 Pud)		2	0,1	1	?		

Values for Bohnen, Faseolen and Linsen 1898–1902 are bracketed together; Roter and Verschied. Kaviar 1903 bracketed together (66); Rohhäute and Gegerbte Häute 1903 bracketed together (20).

die **Ausfuhrklassen.** (Nach „обзоры“.)

1905	1906	1907	1908	1909	1910	1911	1912	1913
86,5	107,5	100	61,7	68,8	87,5	119,4	67,3	82
80	95,6	90,4	62,2	67,9	80,4	113,2	81,9	91
78	87,1	81,7	54,2	60	70,7	101,3	65,2	
5,4	4,9	6,4	6,3	5,6	7,3	8,6	10,2	
0,4	0,5	0,4	0,3	0,26	0,3	0,5	0,6	
2,7	3	2	1,4	2,1	2,1	2,9	6	

deutschen Konsulatsberichten.)

1904	1905	1906	1907	1908	1909	1910	1911	1912	1913	1914
51,7	45	50,4	20,1	3,1	7,9	25,4	10,5	6	11	2,6
7,7	9,5	18,9	4,7	1,4	2	7,5	7,1	4,9	3,8	1,3
21,3	14,3	19,7	17,2	14,6	20,9	24,6	31,6	15,1	34	15,4
2	1	0,4	0,1	0,4	0,1	—	—	0,1	0,1	—
11,1	1,4	4,5	32,2	21,1	19	12,9	41,4	15,2	8,7	5,7
1077	957	1195	1641	1653	1104	2065	2240	1918	2697	
237	674	487	643	550	352	373	308	105	437	
581		667	535	1037	404	527	684	359	462	
96					245	260	148	158	167	
2470	2306	2007	1412	858	1579	2178	2592	1660	3214	1100
8	9	6	4	2	3	2	5	3	6	
} 53	77	74	} 89	} 74	} 89	74	921	30	0,5	
	3	3				0,8	4	49	104	
281	285	172	159	137	196	57	192	118	144	
912	514	950	1157	671	718	481	648	504	525	
2988	1415	601	2579	5152	3338	1261	4065	4252	223	
23096 Faß				125,3	145,9	171,8	217,6	207,9	164	
10	0,7	1,7	3,4	3,4	3,3	5,8	6,2	5,7	9,9	
?	108	453	947	1073	378	381	303	392	384	
13	28	—	2	119	7	290	157	162	62	
20	15	42	110	150	38	12	34	37	144	
454	32	72	212	339	18	21	266	388	217	
4265	—	1461	1256	1226	1880	1796	2300	2214	2124	
} 30	36	53	34	11	5	3	14	36	17	
	4	0,1	0,4	0,04	—	0,3	0,2	0,4	0,6	
102	91	101	147	61	70	24	49	50	104	
20	18	23	16	8	18	2	48	6	10	
23	45	26	11	0,1	—	0,7	0,2	0,4	0,3	
8	21	57	15	11	8	12	2	—	0,4	
						in 1000 Pud				
1667	51	19	9	4	—	—	550	914	7014	
31258	17	14	10	2	—	—	7138	—	4544	
—	6	37	43	32	—	3442	2184	4648	7536	
14	11	8	9	6	—	3	9	8	11	
?	3/4	1/4	—	0,2	—	3	55 Pud	12 Pud	0,49	
10	1	1/4	—	0,4	—	0,9	0,3	0,2	1	

Getreideausfuhr Rußlands. (Nach „обзоры".)

		1910	1911	1912	1913	1914
Getreide	in Mill. Pud . . .	845,9	821,7	549,6	647,8	375,1
	in Mill. Rubel . .	745,6	738,2	549,5	591,4	351,4
Weizen	in Mill. Pud . . .	374,6	240,5	161	203,3	147,2
	in Mill. Rubel . .	405,2	258,8	192,2	225,2	163,9
Gerste	in Mill. Pud . . .	244,7	262,6	168,7	239,7	120,7
	in Mill. Rubel . .	158,5	214,8	153,1	186,2	94,4
Mais	in Mill. Pud . . .	27,4	81,8	47	35,5	17,5
	in Mill. Rubel . .	19,2	57,5	37,8	25,1	12,7
Weizenmehl	in Mill. Pud .	6,8	7,4	6,4	10	6,9
	in Mill. Rubel.	12,6	12,6	11,2	17,2	12

Getreideausfuhr Rußlands und der Haupthäfen. (Zahlen nur

in Mill. Pud	Weizen			Roggen		
	1909	1912	1914	1909	1912	1914
Odessa	7,8	6,1	2,7	2	5	1,2
Nikolajew	46,5	15,6	10,9	4,3	4,8	2,3
Cherson	25,5	10,4	5,9	2,8	2,3	2,4
Theodosia	16,1	10,7	5,3			
Berdjansk	18,6	7,2	1,3			
Taganrog	24,3	16	6,4			
Rostow	48,8	33,4	33,6	7,5	5,3	11,1
Noworossysk	32,7	17,1	30,7	2,3	0,6	0,6
Mariupol		8,8	2,4			
Riga.	19,2	4				
Petersburg	8,9	2,2		10	2,1	2,7
alle Hafenzollämter	288,9	151	144	31,5	25,5	22,2
ganz Rußland.	314,5	161	147,2	35,5	30,6	23,3

Getreideausfuhr Odessas nach den verschiedenen

(Es bestehen Differenzen zwischen den amtlichen

in 1000 t	1901	1902	1903	1904
England	284,6	493,3	678	452,8
Gibraltar	—	104,5	172,1	140,1
Deutschland	167,5	306,9	262,5	143,4
Belgien	61,1	105,2	191,1	216,3
Holland	395,4	594,6	663,1	421,4
Italien	87,1	70,2	52,4	19,6
Frankreich	91,1	108,2	88,5	45,4
andere Länder	141,6	242,4	131,9	67,1
zusammen	1228,4	2025,4	2239	1506,1

Getreideausfuhr Rußlands und der Haupthäfen. (Nach „обзоры".)

In Mill. Pud	1909	1912	1914
Odessa	55,1	47,3	25,6
Nikolajew	100,9	59	35,8
Cherson	44,5	27,9	18,4
Rostow	95,3	55	61
Noworossysk	69,8	40,9	57,4
Petersburg	38	15,2	11,7
Rußland	706,7	485,4	335,5
Hafenzollämter	617,4	395,7	315,6
Odessa	7,8%	9,74%	7,63%
Nikolajew	14,29%	12,16%	10,68%
Cherson	6,29%	5,74%	5,47%
Rostow	13,49%	11,34%	18,17%
Noworossysk	9,87%	8,73%	17,10%
Petersburg	5,38%	3,13%	3,51%

für die bedeutendsten Vertreter jeder Getreideart gegeben.)

Gerste			Mais			Weizenmehl			Getreide und Getreideprodukte		
1909	1912	1914	1909	1912	1914	1909	1912	1914	1909	1912	1914
22,7	15,4	14,8	19,6	17,1	5,7	1,6	1,8	1,1	57,5	49,6	26,8
39,1	32,5	19,9							101,2	59,4	36,1
15,6	14,9	9,7							44,6	27,9	18,4
16,6	7,2	4,2									
38,9	16,3	16,3							96,5	55,4	61,4
25,6	19,8	24,1	5,1	3,3	1,9				70,6	41,5	57,5
14,7	9,8	3									
						1,5	0,6	1,5	44	17,5	18,4
193	137,1	115,9	32,5	27,1	13,5	3,8	3,6	4,2	633	408,5	327,3
219,2	168,7	120,7	47,1	47	17,5	5,8	6,4	6,9	759,3	549,6	357,1

Ländern. (Nach den englischen Konsulatsberichten.)
und privaten Angaben über die Höhe des Exports.)

1906	1907	1908	1909	1910	1911	1912
493,2	441,6	208,7	212,8	260,6	347	123,6
—	—	—	—	—	—	—
234,1	258,7	204,5	216,2	349,2	536,1	220
105,4	81,1	38	68,6	71,3	99,7	34,6
557,1	350,7	174,5	291,4	409	418,6	251,2
38,7	14,3	8	3,9	17,5	17,2	5
55,9	41,3	18,9	8,5	24,8	31,7	18,7
53,7	14,1	2,6	3,7	3,3	10,9	14,3
1538,2	1201,8	655,3	805	1135,7	1461,2	666,4

Weizen- und Roggenausfuhr Odessas nach den verschiedenen Ländern. (Nach den engl. Konsulatsber.)

in 1000 t	1902	1903	1904	1907	1908	1909	1910	1911	1912
					Weizenausfuhr				
England	201,4	401,1	250,2	140	18,2	32	129	28,3	22,3
Gibraltar	35,8	76,9	79,3	—	—	—	—	—	—
Deutschland	36,3	60,3	30,6	11	3,4	7,8	43,2	7,6	3,9
Belgien	30	103,8	129,9	8	1,6	18,8	44,3	22,3	2
Holland	272,3	345,5	255,6	130	23,2	65	173,2	109,1	67,6
Italien	63,8	46,3	15,5	11	2,4	0,8	8,7	1,1	2,7
Frankreich	79,8	61,4	34,1	25	1,3	2,1	8,9	0,9	1,2
andere Länder	11,4	14,7	26,5	0,5	—	0,5	2,7	—	1,1
zusammen	730,8	1119,8	821,7	325	50,1	126,9	410	169,3	100,8
					Roggenausfuhr				
England	1,8	5,7	6,8	9	1,6	1,1	3	7,9	1,5
Gibraltar	9,2	12,3	9,4	—	—	—	—	—	—
Deutschland	89,5	68,9	32,5	25	7,6	4,4	56,1	57,3	20,6
Belgien	0,8	3,1	0,4	0,2	—	—	0,3	1,3	1,4
Holland	135,6	169,3	66,1	35,2	13	27,2	62,1	48,6	51,2
Italien	0,7	—	0,3	0,3	—	—	—	—	—
Frankreich	—	2	—	14,1	—	—	—	—	—
andere Länder	86,9[1]	75,7[2]	14,3[3]	7,4[4]	—	—	—	—	0,4
zusammen	324,5	337	129,8	521,2	22,2	32,7	121,6	115,1	75,1

1) Norwegen und Schweden 53,2, Dänemark 2,9, Malta 1,8.
2) „ „ „ 56,3, „ 16,1, Finnland 1,7, Malta 1,3.
3) „ „ „ 5,9, „ 9.
4) „ „ „ 2,8, „ 2,4.

Gerste- und Maisausfuhr Odessas nach den verschiedenen Ländern. (Nach den engl. Konsulatsber.)

in 1000 t	1902	1903	1904	1907	1908	1909	1910	1911	1912
				Gersteausfuhr					
England	89	120,9	101,5	57	53,4	59,7	46,1	48,9	12,8
Gibraltar	19,2	75	47,4	—	—	—	—	—	—
Deutschland	60,4	110,2	63	125,7	114,2	146,4	223,1	329,2	149,7
Belgien	24,4	35,3	49,8	24,4	18,1	15,9	6	7,6	6,2
Holland	62	102,7	55,2	67,1	51,8	113,3	121	122,4	75,2
Italien	1,6	0,1	0,1	0,8	—	—	0,1	0,3	—
Frankreich	1	8,5	1,8	1,6	0,2	0,8	0,2	1,1	—
andere Länder	33,9[1])	25[2])	25,2[3])	1,1	0,9	1	—	0,3	—
zusammen	291,5	477,7	344,1	277,6	238,6	337,1	207,2	509,8	244,1
				Maisausfuhr					
England	190,7	128,5	78,5	234,3	133,8	118,8	82,2	261,9	86,9
Gibraltar	40,4	7,9	3,2	—	—	—	—	—	—
Deutschland	120,7	23,1	14,7	96,6	79,3	57,2	26,8	142	45,8
Belgien	48,8	48,6	36	48,4	18,4	33,8	20,5	68,5	25
Holland	119,2	41,5	34,7	117,8	82,4	85,4	52,7	138,5	57,2
Italien	3,3	5,6	3,2	2,6	5,5	3	8,8	15,8	2
Frankreich	23,1	15,2	?	14,1	17,1	5,7	15,7	29,7	16,1
andere Länder	110,2[4])	16,4[5])	0,8	7,4	1,8	2,2	0,6	10,6[6])	12,8[7])
zusammen	656,5	286,6		521,2	338,5	306,2	207,2	667	245,8

1) Dänemark 17,2, Norwegen 15,5.
2) Dänemark 11,1, Norwegen u. Schweden 12,5.
3) Dänemark 17,8, Ägypten 3,4.
4) Dänemark 106,8.
5) Dänemark 10, Norwegen u. Schweden 3,6, Finnland 2,5.
6) Spanien 4,1, Ägypten 4,2, Finnland 2,3.
7) Dänemark 2,5, Schweden 7,7, Norwegen 2,6.

Baumwolleinfuhr. (Nach „обзоры“.)

	1908	1909	1910	1911	1912
nach Odessa					
Menge (in 1000 Pud)	1012,4	887,8	819,2	906,8	877,2
Wert (in Mill. Rubel)	12,1	10,7	11,7	10,2	8,2
davon verzollt { Menge	1010,8	870	785,7	894,5	877
davon verzollt { Wert	12,1	10,5	11,2	10,1	8,2
Zoll (in Mill. Rubel)	3,8	3,5	3,1	3,6	3,5
nach Reval					
Menge (in 1000 Pud)	5303,5	3006,1	2927,2	3635,8	3260,8
Wert (in Mill. Rubel)	45,3	25,7	33,5	36,3	28,9
davon verzollt { Menge	4764,8	2470,5	2409,8	3400,6	2886,8
davon verzollt { Wert	40,8	21,4	27,4	33,8	25,7
Zoll (in Mill. Rubel)	17,8	9,5	9,6	13,5	11,4
nach Petersburg					
Menge (in 1000 Pud)	2377,3	1991,7	2313,4	1653,6	1468,4
Wert (in Mill. Rubel)	17,9	18,2	25,9	16,6	13,9
davon verzollt { Menge	2354,9	1967,9	2300	1652,2	1474
davon verzollt { Wert	17,7	18	25,8	16,6	14
Zoll (in Mill. Rubel)	8,5	8	9	6,5	5,6

Schiffsverkehr Odessas

(Nach der deutschen Statistik „Die

in 1000 Reg.-Tonnen	Ankunft							
					davon mit Ladung			
	Schiffe überhaupt	russische	deutsche	britische	Schiffe überhaupt	russische	deutsche	britische
1898	1410	356	51	688	768	332	45	176
1899	1152	378	60	449	825	369	59	189
1900	1207	398	59	437	816	354	52	198
1901	1360	425	53	527	806	374	50	159
1902	1429	354	78	628	739	321	73	140
1903	1656	336	73	865	789	308	72	173
1904	1255	270	81	581	690	241	79	154
1905	1362	244	71	664	668	215	63	163
1906	1532	329	130	680	721	282	82	124
1907	1439	353	126	651	732	313	102	105
1908	1284	357	160	446	753	343	116	94
1909	1289	350	132	474	760	331	98	104
1910	1413	363	127	475	820	330	103	96
1911	1555	399	137	569	834	348	97	107
1912	1243	467	122	280	837	410	97	91

Odessas Einfuhr mit Schiffen der deutschen Levantelinie. (Nach DKB.)

<table>
<tr><th>aus</th><th>1903</th><th>1904</th><th>1905</th><th>1906</th><th>1907</th><th>1908</th><th>1909</th><th>1910</th><th>1911</th><th>1912</th></tr>
<tr><td>Hamburg</td><td>10200</td><td>8135</td><td>7750</td><td>7612</td><td>9343</td><td>8973</td><td>9308</td><td>12430</td><td>17386</td><td>14283</td></tr>
<tr><td>Bremen</td><td>—</td><td>—</td><td>—</td><td>—</td><td>100</td><td>—</td><td>416</td><td>835</td><td>440</td><td>9819</td></tr>
<tr><td>Emden</td><td>—</td><td>—</td><td>—</td><td>—</td><td>—</td><td>—</td><td>—</td><td>—</td><td>—</td><td>780</td></tr>
<tr><td>Rotterdam</td><td>922</td><td>933</td><td>1065</td><td>590</td><td>1058</td><td>1192</td><td>1455</td><td>817</td><td>288</td><td>—</td></tr>
<tr><td>Antwerpen</td><td>438</td><td>78</td><td>3</td><td>6</td><td>1 1/2</td><td>—</td><td>873</td><td>1397</td><td>791</td><td>3927</td></tr>
<tr><td>New-Castle</td><td>—</td><td>1566</td><td>2094</td><td>702</td><td>1889</td><td>1467</td><td>947</td><td>1425</td><td>778</td><td>1978</td></tr>
<tr><td>Swansea</td><td>—</td><td>6676</td><td>7592</td><td>827</td><td>5064</td><td>3524</td><td>5564</td><td>5889</td><td>3467</td><td>3273</td></tr>
<tr><td>Bordeaux</td><td>—</td><td>5148</td><td>4078</td><td>3180</td><td>3055</td><td>2570</td><td>2959</td><td>1798</td><td>1914</td><td>2040</td></tr>
<tr><td>Portugal</td><td>—</td><td>2281</td><td>2134</td><td>2283</td><td>2697</td><td>2142</td><td>2705</td><td>2645</td><td>3702</td><td>3770</td></tr>
<tr><td>Spanien</td><td>—</td><td>—</td><td>—</td><td>—</td><td>83</td><td>168</td><td>238</td><td>657</td><td>190</td><td>577</td></tr>
<tr><td>Gibraltar</td><td>—</td><td>—</td><td>—</td><td>—</td><td>58</td><td>—</td><td>73</td><td>260</td><td>60</td><td>—</td></tr>
<tr><td>Algier und Tunis</td><td>—</td><td>698</td><td>608</td><td>1210</td><td>1728</td><td>1253</td><td>1610</td><td>620</td><td>631</td><td>746</td></tr>
<tr><td>Italien</td><td>—</td><td>—</td><td>—</td><td>—</td><td>—</td><td>—</td><td>—</td><td>—</td><td>2210</td><td>—</td></tr>
<tr><td>Malta</td><td>—</td><td>—</td><td>—</td><td>31</td><td>27</td><td>37</td><td>33</td><td>90</td><td>95</td><td>8</td></tr>
<tr><td>Piraeus</td><td>—</td><td>—</td><td>—</td><td>49</td><td>33</td><td>217</td><td>237</td><td>3671</td><td>2147</td><td>52</td></tr>
<tr><td>Konstantinopel</td><td>—</td><td>—</td><td>—</td><td>187</td><td>415</td><td>1134</td><td rowspan="2">1092</td><td rowspan="2">496</td><td rowspan="2">742</td><td rowspan="2">9304</td></tr>
<tr><td>Smyrna</td><td>—</td><td>—</td><td>—</td><td>122</td><td>—</td><td>80</td></tr>
</table>

in großer Fahrt.

deutsche Flagge in fremden Häfen".)

in 1000 Reg.-Tonnen	Abfahrt							
					davon mit Ladung			
	Schiffe überhaupt	russische	deutsche	britische	Schiffe überhaupt	russische	deutsche	britische
1898	1409	287	47	740	1369	272	47	723
1899	1080	276	58	469	1051	264	58	463
1900	1055	283	55	418	913	257	44	358
1901	1275	300	40	552	1223	276	36	541
1902	1491	247	62	751	1460	241	57	744
1903	1651	235	64	932	1618	223	60	927
1904	1326	247	66	659	1288	235	63	659
1905	1308	228	70	629	1161	219	43	589
1906	1503	226	148	745	1254	207	55	663
1907	1407	282	128	684	1235	253	68	642
1908	1192	252	160	456	1022	241	85	394
1909	1211	282	131	473	1076	268	85	428
1910	1355	314	131	465	1215	293	75	449
1911	1530	364	134	579	1336	322	73	549
1912	1219	432	123	293	1023	387	82	257

Odessas Schiffsverkehr in ausländischer

in 1000 Register-Tonnen	1900	1901	1902	1903
Ankunft.				
russische Schiffe mit Ladung	354	373,8	320,9	307,8
Ladung in 1000 Pud	7670	8806	6680	6360
ohne Ladung	43,5	51,1	33,4	28,3
deutsche Schiffe mit Ladung	52,2	50,3	73,1	72,2
Ladung in 1000 Pud	1503	1296	1441	2220
ohne Ladung	6,9	3	7,7	2,1
britische Schiffe mit Ladung	197,6	159,2	139,7	173,1
Ladung in 1000 Pud	15727	8147	3706	4486
ohne Ladung	239,6	495,4	585,7	790,8
italienische Schiffe mit Ladung	96,8	125,9	146,5	134,3
Ladung in 1000 Pud	3429	3619	3551	3602
ohne Ladung	16,6	76,7	50,8	60
österreichisch-ungar. Schiffe mit Ladung	66,9	60,2	45,8	51,2
Ladung in 1000 Pud	1312	1649	1073	1162
ohne Ladung	33,6	47,3	66,5	74,6
französische Schiffe mit Ladung	22,2	19,7	—	37
Ladung in 1000 Pud	449	429	—	317
ohne Ladung	—	—	—	—
fremde Schiffe mit Ladung	455,3	429	413,6	478,2
Ladung in 1000 Pud	24649	16706	10412	12671
ohne Ladung	345,2	719,1	801,1	1002,1
Einfuhr im ganzen in 1000 Pud	32319	25512	17092	19031
Abfahrt.				
russische Schiffe mit Ladung	257,3	275,7	241,5	222,5
Ladung in 1000 Pud	9056	9705	8269	10155
ohne Ladung	24	24,4	5,6	12,2
fremde Schiffe mit Ladung	650,1	947,2	1214,1	1391,7
Ladung in 1000 Pud	55093	80723	137583	153910
ohne Ladung	112,9	100,7	82,2	80,8
deutsche Schiffe mit Ladung	44,2	36,1	57,3	60,4
Ladung in 1000 Pud	1974	834	3298	2889
ohne Ladung	11	20,1	21,6	16,6
britische Schiffe mit Ladung	358,1	541,5	743,9	926,7
Ladung in 1000 Pud	37316	53692	93119	117723
ohne Ladung	59,5	50,9	30,3	32,5
italienische Schiffe mit Ladung	101,4	169,8	196,2	177,8
Ladung in 1000 Pud	8237	13312	18024	14790
ohne Ladung	8,2	9,2	20,8	16,1
österreichisch-ungar. Schiffe mit Ladung	77,3	92,6	112,5	113
Ladung in 1000 Pud	2769	4732	9921	7673
ohne Ladung	17,7	—	—	10,2
französische Schiffe mit Ladung	20,8	18,8	—	34,9
Ladung in 1000 Pud	569	246	—	1428
ohne Ladung	3,7	—	—	—
holländische Schiffe mit Ladung	1,4	1,4	8,1	7,8
Ladung in 1000 Pud	199	18	1205	986
ohne Ladung	—	—	—	1,4

Fahrt. (Nach „обзоры".)

1904	1905	1906	1907	1908	1909	1910	1911	1912
240,6	214,8	282	313,1	343	330,6	330,1	348,2	410,6
4215	3620	5526	5551	6971	6210	5913	6970	7799
29,6	28,9	45,9	39,8	14,1	19,1	32,7	50,8	56,4
78,7	62,9	81,7	102,1	116,1	97,8	102,8	96,8	96,5
2365	1896	1532	2128	2033	2130	2637	3152	4158
2,3	8,2	48,3	24,3	44,2	34	24,4	40,3	25,5
154,4	163,3	124,2	104,6	94	104,2	96,1	106,1	90,8
4326	6260	6547	3132	2098	2094	2458	3014	2778
521,5	500,8	556,1	546,3	351,6	370,2	379,4	463,3	189,3
120,5	115,2	116,8	107,7	109,8	123,7	136	100	10
2932	2833	2846	2783	2895	3037	3342	2496	218
28	24,9	13,6	17,4	12	14,6	25,5	24,3	5,9
50,8	52,8	54,6	44,5	42,3	52,6	59,5	71,2	107
1280	1195	879	797	771	879	1407	1521	1772
79,8	92,9	74,9	45,7	61,9	58,5	90,3	107,7	88,6
38,3	46,7	43,7	47,5	39,1	39,1	35	41,7	40,1
581	786	907	1062	1165	1179	1207	1394	1658
—	—	—	—	—	—	—	1,9	—
447,7	452,6	437,8	419,4	409,5	429	487,7	485,1	426
11578	13344	13039	10265	9283	9871	12084	14230	12303
682,7	664,5	763,1	666,4	516,5	510,2	560,2	670,4	350
15973	16964	18565	15816	16254	16081	17997	21200	20102
235,2	219,2	207,5	253,1	241,4	267,8	292,8	320,7	386,6
10900	7884	6133	9068	9248	8950	8407	12423	11804
10,5	8,6	17	28,9	11,1	14	21,3	41,7	45,2
1052,1	941,3	1045,4	981,3	779,9	808,7	922,1	1013	636,5
107583	84961	111618	93536	55761	66781	89674	108424	54965
105,9	137,7	230,5	143,6	159,1	120,1	116,7	151,9	150
63	42,6	54,9	67,7	85	85,5	75	72,5	81,7
4188	3221	3935	4437	3142	4301	6140	7724	4920
17,6	27,3	93	60,1	74,6	45,5	56	61,6	41,7
658,6	589,2	662,7	642,2	393,6	427,8	449,4	548,7	257,5
81047	66212	83922	74783	37072	46759	55047	69807	28493
37,4	39,5	82,7	41,5	62,7	44,9	15,8	29,9	35,2
119,5	109,1	93	111,9	110,2	129,8	143	114,1	14,7
4488	3474	7500	4099	3622	4631	7041	7366	895
29,6	33,1	32	13,1	10,8	6,4	16,6	14,3	1
121,6	119,4	43,7	70,1	106	92,9	138,5	159,7	165
10325	6376	2007	3732	6457	5691	11566	13649	9952
11,8	28,1	—	22,9	—	14	11,2	21,1	32,2
38,2	46,7	119,8	47,5	39,1	37,6	35	41	40,1
1521	2031	6645	2084	1313	1410	1690	2271	1972
2,2	—	10,7	—	—	—	—	1,9	1,1
5,8	7,1	7,9	—	5,8	5,8	37,9	38,8	30
650	451	1080	—	264	837	3366	3178	2631
—	—	—	—	2,5	3,6	6,1	2,3	9,4

Schiffsverkehr von Odessa, Petersburg, Riga, Windau.

(Nach „обзоры".)

in Mill. R.-T.	1901	1902	1903	1904	1905	1906	1907	1908	1909	1910	1911	1912
Odessa Ank.	1,4	1,4	1,7	1,3	1,4	1,5	1,4	1,3	1,3	1,4	1,6	1,2
„ Abf.	1,3	1,5	1,7	1,3	1,3	1,5	1,4	1,2	1,2	1,4	1,5	1,2
Petersburg Ank..	1,4	1,3	1,4	1,4	1,6	1,4	1,5	1,7	1,9	1,9	2	2
„ Abf. .	1,4	1,3	1,4	1,4	1,5	1,4	1,5	1,7	1,9	1,9	2	2
Riga Ank.......	0,9	0,9	1,1	1,1	1	1,2	1,3	1,3	1,6	1,7	1,6	1,6
„ Abf.	0,9	0,9	1,1	1,1	1,1	1,3	1,3	1,3	1,6	1,7	1,7	1,6
Windau Ank....	0,1	0,2	0,3	0,2	0,3	0,3	0,4	0,4	0,5	0,6	0,6	0,6
„ Abf. ...	0,1	0,2	0,3	0,3	0,3	0,3	0,4	0,4	0,5	0,6	0,6	0,6

Mittlere Frachten von Odessa und Nikolajew.

(Nach „обзоры".)

in Kop. pro Pud.	1905	1906	1907	1908	1909	1910	1911	1912
Weizenfracht Odessa–Hamburg	—	6,48	6,10	4,72	5,35	6,68	7,16	9,71
„ Nikolajew– „ . . .	—	6,28	5,97	4,50	5,38	6,26	7,05	9,70
„ Odessa–London . . .	6,02	6,04	5,65	4,01	4,90	6,09	6,69	9,25
„ Nikolajew–„ . . .	6,18	5,80	5,70	4,31	5,18	6,25	6,90	9,45
„ Odessa–Rotterdam . .	5,91	6,01	5,60	4,13	4,94	6,16	6,67	9,11
„ Nikolajew– „ . .	6,18	5,82	5,62	4,31	5,21	6,07	6,76	9,18
„ Odessa–Antwerpen .	6,15	6,15	5,77	4,37	4,91	6,17	6,76	9,89
„ Nikolajew– „ .	—	—	—	—	—	6,57	6,87	9,59
„ Odessa–Mittelmeer. .	4,42	4,73	4,36	3,76	4,63	5,25	5,83	8,04
„ Nikolajew–Marseille .	5,22	5,12	4,81	4,25	4,79	5,51	6,03	8,55
„ „ –Genua . .	5,20	5,14	5,03	4,39	4,85	5,48	6,08	8,72
Gerstenfracht Odessa–Hamburg	—	7,08	6,66	5,16	5,85	7,30	7,84	10,61
„ Nikolajew– „ .	—	6,86	6,52	4,92	5,88	6,84	7,70	10,60
„ Odessa–London . . .	6,58	6,61	6,17	4,46	5,35	6,65	6,07	10,11
„ Nikolajew–„ . . .	6,75	6,34	6,22	4,72	5,66	6,83	6,14	10,32
„ Odessa–Rotterdam . .	6,46	6,71	9,37	4,52	5,40	6,73	7,29	9,87
„ Nikolajew– „ . .	6,76	6,35	9,93	4,71	—	6,63	7,38	10,03

Kabotageverkehr zwischen dem Schwarzen und Asowschen Meer und der Ostsee. (Nach „обзоры".)

	1900	1901	1902	1903	1904	1905	1906	1907	1908	1909	1910	1911	1912
Von der Ostsee nach d. Schw. u. Asowsch. Meere in Mill. Pud	1,9	1,9	2,8	1,6	3,8	1,8	2,7	3,5	2,5	2,8	1,4	3,2	4
in Mill. Rbl.	17,5	16,8	26,5	13,4	26,6	10,5	1,3	23,6	21,9	24,1	7,4	21,5	27,5
Von d. Schw. u. As. Meere nach der Ostsee in Mill. Pud	6,6	9,9	11,7	12,2	13,7	13,7	14,4	18,6	22,4	22,9	25,4	24,2	18,3
in Mill. Rbl.	10,8	11,7	16,3	19,4	22,8	24,7	22,2	26,2	27,3	32,3	38	45,4	42,1

Große Kabotage auf dem Schwarzen und Asowschen Meere.
(Nach „обзоры".)

1000 R.-T.	1908	1909	1910	1911	1912	1913
Ankunft (nur russ. Schiffe)	146,6	128,1	173,4	224	178,4	150,4
Abfahrt (russ. Schiffe) . .	201,2	211	255,2	259,5	231,1	239,8
(fremde Schiffe) .	39,1	34,6	40,2	38,2	20,8	33,7
zusammen	240,3	245,7	295,4	297,7	251,9	273,4

Große Kabotage in Odessa. (Nach „обзоры".)

	1907		1908		1909		1910		1911		1912	
	Zahl	1000 R.-T.	Zahl	1000 R.-T.	Zahl	1000 R.-T.	Zahl	1000 R.-T.	Zahl	1000 R.-T.	Zahl	1000 R.-T.
Ankunft.												
Von der Ostsee												
mit russischen Waren	20	41,1	19	41	19	42,9	21	45,5	29	58,4	22	52,1
m. russ. u. fremd. War.	—	—	1	2,4	1	2,1	1	2,5	3	5,2	7	8,5
ohne Waren	1	1	2	3,8	1	2,3	3	2	2	2,2	—	—
Vom Stillen Ozean												
mit russischen Waren	—	—	—	—	1	1,4	8	20,4	2	4,4	1	1,4
m. russ. u. fremd. War.	10	26,6	20	57,1	14	41,3	11	32,3	23	62,6	28	83,9
ohne Waren	—	—	—	—	—	—	4	8	3	9,4	5	10,2
Abfahrt.												
Nach der Ostsee												
nach russischen Häfen	31	63,2	30	59	33	69,3	36	70,8	35	67,4	33	67,1
n. russ. u. fremd. Häfen	—	—	—	—	—	—	—	—	5	8,3	2	3,8
ohne Waren	—	—	—	—	—	—	2	2,6	—	—	—	—
Nach dem Stillen Ozean												
nach russischen Häfen	23	62,1	49	111,5	22	59,4	29	67,1	12	23	5	14,8
n. russ. u. fremd. Häfen	—	—	—	—	2	4,6	8	23,5	23	62,4	36	87,9
ohne Waren	—	—	—	—	—	—	—	—	1	0,01	—	—
Nach d. Weißen Meere												
mit russischen Waren	2	1,7	1	0,7					2	1,7	2	2,1

Kabotageverkehr zwischen Odessa und Petersburg. (Nach „обзоры".)

in 1000 Pud	1903	1904	1905	1906	1907	1908	1909	1910	1911	1912
Aus Petersburg nach Odessa.										
Fische u. Konserven	0,2	0,5	—	0,4	1,7	0,1	25,7	—	—	—
Weine u. Spirituosen	7,9	17,5	9,1	14,4	33,3	27,2		6,7	23,6	20,6
Tabak und -Waren.	0,4	4,1	5,3	4	10,9	2	7,4	3,6	9,9	11,1
Unverarbeitet. Eisen	11,3	94,7	76,3	128,1	44,2	8,6	37,9	2,8	12,3	12
Benzol bzw. destill. Naphtha	34	71,9	45,6	99,4	94,6	58,4	61,9	1,8	18,4	31,2
Farben und Lacke .	394,1	25,6	15,7	18,2	—	—	33,3	13,7	34,1	61,5
Chemikal. u. Drogen	19,6	24,8	18,8	21,2	69,4	60,4	19,4	15,6	25,9	41,5
Metallwaren	54	306,5	59,3	124	283,7	117,1	108,1	25,3	97,3	138,2
Papier und Karton.	35	673,1	449,3	538,6	1013,8	569,6	638	385,9	863,4	1209
Guttapercha, Gummi	19	54,1	61,4	17,4	125,4	83,3	101,4	10,7	68,1	62,2
Säcke.	39	89,2	39,4	35,6	112,3	59,2	70,6	14	68,3	87,4
Manufakturwaren. .	27,9	52,7	30,8	13,1	79,8	59,4	59,2	7,2	64,2	165,2
Kerzen aller Art . .	2,4	61,3	1,9	38,5	73,7	36,5	41,5	8,5	41,6	48,6
Zündhölzer	22,3	53,1	29,1	31,3	71,4	54,8	46,6	42,2	75,9	139,6
Gesamtzufuhr.	710	1894	991	1195	2113	1269	1400	571	1577	2265
in Mill. Rubel	6,4	12,5	6,4	5,7	15,3	12,6	14,1	2,9	11,4	15,6
Aus Odessa nach Petersburg.										
Weizenmehl. . . .	1215	640	856	503	381	560	448	509	1055	780
Zucker	1177	1315	1497	891	1882	1797	2411	3831	2600	2536
Wein.	41	31	39	58	32	32	42	23	77	41
Tabak	325	348	315	369	—	259	280	265	329	338
Fische u. Konserven	15	17	22	16	20	16	16	31	18	37
Unverarbeit. Eisen .	532	60	367	107	60	—	—	106	479	188
Chemische und pharmazeutische Artikel	—	5	2	2	—	10	19	4	6	6
Gesamtausfuhr	3413	2779	3215	2035	2510	2820	3438	4993	4948	4188
in Mill. Rubel	15,5	15,4	16	13	12,4	15,3	20,6	27,8	28,5	23

Kabotageverkehr zwischen Odessa und Libau. (Nach „обзоры".)

in 1000 Pud	1903	1904	1905	1906	1907	1908	1909	1910	1911	1912
Aus Libau nach Odessa.										
Unverarbeitetes Eisen	—	—	10,5	2	3,4	0,8	22,5	0,8	—	1
Pflanzenöl	9,1	46,5	2,6	50	18,8	14,6	58,2		67,4	84,7
Metallwaren	173,6	301,4	16,7	285,7	113,8	74,6	140,5	14,4	143	165,2
Säcke	—	1,1	2,7	0,9	5,6	4,5	12,5	3,1	24,2	9,3
Linoleum usw.	8,8	14,6	3,2	5	13,3	16,8	15,9	11,2	41,3	39,8
Gesamtzufuhr.	257	452	100	426	276	172	267	50	305	347
in Mill. Rubel	2,2	2,8	0,6	2,3	1,8	1,3	1,5	0,4	2,3	2,6
Aus Odessa nach Libau.										
Weizenmehl	14,3	16,7	6	7,7	39,6	36,7	72,2	58,6	29,1	43,4
Raffinade u. Sandzuck.	5	9,3	7,1	12,5	78,2	16,4	36	66,1	31,6	104
Gesamtausfuhr	19,8	26,5	77,2	24	197,2	86,5	118,9	126,3	61,3	153,4
in Mill. Rubel	0,05	0,06	0,2	0,1	1	0,2	0,3	1,3	0,16	0,5

Kabotageverkehr zwischen Odessa und Riga. (Nach „обзоры“.)

in 1000 Pud	1903	1904	1905	1906	1907	1908	1909	1910	1911	1912
Aus Riga nach Odessa.										
Eisen, Stahl, Blech .	7,7	28,7	9,4	6	20,8	31,5	28,2	1	13,3	8,7
Pflanzenöl.	2,3	3,4	5,3	6,3	18,7	24,3	20,6		36,8	5,3
Erdöl.	1,5	—	2,2	2,4	16,8	17,8	43,3	3,8	64,5	46,6
Schwerspat	14	46,4	30,1	38,1	42,6	31,8	32,1	12,2	26,8	42
Farben und Lacke .	66,9	112,5	65,7	95,1		—	81,8	74,8	79	97,2
Chemikalien	29,4	103,8	45,3	48,1	188	188,4	94,8	44,9	69,8	64,4
Metallwaren	232	478	147	210	241	196	145	128	167	176
Papier und Karton.	52	132	113	84	113	168	227	77	318	377
Guttapercha und Gummi	29	97,3	29,1	27,8	62,7	73,4	72,2	11,6	68,2	83,8
Säcke.	44,8	65,3	49,6	8,1	23,8	29,3	40,3	28,6	36,1	37,1
Linoleum u. dgl. . .	0,5	3,5	1	5,6	13,9	8,3	10,1	17,1	25,3	52,4
Gesamtzufuhr.	520	1196	607	628	840	831	935	522	1060	1124
in Mill. Rubel	4,5	10,3	3,1	3,1	5,7	7,3	7,6	3	6,9	7,9
Aus Odessa nach Riga.										
Weizenmehl	101,2	56,7	359,8	421,9	289,9	188,1	141,7	78,4	134,4	116
Zucker	87	66,9	33,6	55	138,6	157,9	209	214,2	345,6	294,3
Gesamtausfuhr	202	161	414	1056	440	295	363	302	512	430
in Mill. Rubel	0,7	0,5	0,8	2,1	1,3	1,2	1,4	1,3	2,5	2

Kabotageverkehr zwischen Odessa und Reval. (Nach „обзоры“.)

in 1000 Pud	1903	1904	1905	1906	1907	1908	1909	1910	1911	1912
Aus Reval n. Odessa.										
Farben und Lacke .	10,5	19,4	6	1,5	—	3,7	10,5	13,8	19,4	17,4
Papier und Karton.	52,1	141,7	68,5	117,7	184,4	193,4	170,7	173,6	208,1	230,6
Gesamtzufuhr.	64	170	77	124	201	215	194	197	238	280
in 1000 Rubel	200	600	200	300	600	600	600	500	800	1300
Aus Odessa n. Reval.										
Weizenmehl	—	32,9	20	44,8	62,1	96,2	11	7	72,5	—
Zucker	12,5	44,2	30,1	42,4	65,8	157,9	99,2	204,8	262,9	196,1
Tabak	5	3,8	—	23,8	29,1	39,7	10,7	1	4,9	—
Gesamtausfuhr	17,7	87,6	51,3	132,3	160,1	295,1	122,2	221	348	200,6
in 1000 Rubel	60	500	200	600	1900	1200	600	900	1400	900

Kabotageverkehr zwischen Odessa und Archangelsk. (Nach „обзоры“.)

in 1000 Pud	1903	1904	1905	1906	1907	1908	1909	1910	1911	1912
Aus Odessa nach Archangelsk.										
Zucker	—	60	61,3	58,4	162,1	74,1	233,2	63	150,3	197,7
Zement	—	—	—	—	—	—	87,6	—	—	—
Gesamtausfuhr	26,7	62,3	61,3	58,4	167,3	74,1	320,8	66,5	153,5	262,9
in Mill. Rubel	0,1	0,4	0,4	0,3	0,8	0,4	1,2	0,3	0,8	1,2

Kabotageverkehr mit dem Fernen Osten. (Nach „обзоры".)

in 1000 Pud	1907	1908	1909	1910	1911	1912
Aus Odessa nach Wladiwostok						
Roggen		—		599,4	1081,7	—
Zucker	86,3	188	725,3	873,3	928,6	1083,4
Kochsalz	14,9	1	—	4,5		32
Wein	14,2	15	25,9	56,6	52,7	69,8
Branntwein usw.	1021,5	25,7	51,1	87,2	112,8	194,3
Tabak	30,5	16,5	55,2	27,6	43,3	69,7
Papier und Karton	—	—	46,7	182,2	193,6	205,8
Zement	11	107,7	1083,6	—	—	—
Eisen und Stahl (unverarbeitet)	68,9	10	91,5	74,4	72,4	4049,6
Eisenbahnwagen	—		26,7		—	—
Bahnfracht(желѣзнодорожный грузъ)	—		45,3	273,8	145,9	647,8
Eisen- und Stahlwaren	230,8	100,1	260,2	147,3	595,1	410,6
Naphthaschmieröl	8,4	—	69,3	—	6,8	2,6
Kerosin u. ähnl.	—	—	22,3	19,1	26,2	342,8
Staatsfracht			158,8	629,4	250,5	134,2
Gesamtausfuhr in 1000 Pud		733,9	3045,5	3393,5	3945,8	7819,9
in Mill Rubel	12,4	5,7	10,3	14,6	19,7	29,7
Aus Petersburg nach Wladiwostok						
Papier	—	—	28,6	—	—	—
Gesamtausfuhr in 1000 Pud	123,4	23,3	208,3	—	—	—
in Mill. Rubel	0,6	0,1	0,7	—	—	—
Aus Noworossysk n. Wladiwostok						
Zement	513,1	382,8	1265	1265,5	1187,3	3131,7
Gesamtausfuhr in 1000 Pud	520,3	411	1582,3	1582,3	1286,9	3260,4
in Mill. Rubel	0,3	0,26	1,5	1,2	0,9	2,6
Gesamteinfuhr n. Wlad. in Mill. Pud	2,4	1,5	4	5,6	6,2	11,8
in Mill. Rubel	13,7	6,2	11,4	17,3	22,7	33,9
Aus Wladiwostok nach Odessa						
Metallwaren	—	—	3,6	—	7	2,5
Papier und Karton	—	—	24	—	—	—
Zündhölzer	—	—	3,1	—	—	2,6
Fische und Konserven	—	—	—	—	—	51,7
Gesamtausfuhr in 1000 Pud	30,1	—	33,7	—	37,1	190,3
in Mill. Rubel	0,3	—	0,2	—	0,27	0,7
Aus Odessa nach Nikolajewsk						
Kochsalz	—	—	19,5	1,8	62,6	10,4
Zucker	32,4	—	47,8	55,6	50,2	63,4
Zement	—	—	—	136,9	—	—
Gesamtausfuhr in 1000 Pud	34,4	28	95,8	250,4	156,1	119,8
in Mill. Rubel	0,1	0,1	0,4	0,8	0,6	0,6
Gesamteinfuhr n. Nikol. (1000 Pud)	46,6	28,8	151,1	289,3	439,6	380,6
in Mill. Rubel	0,1	0,1	0,45	0,9	1,2	1,15

Kabotageverkehr d. Schwarzen u. Asowschen Meeres. (Nach „обзоры".)

Ankunft in Mill. Reg.-Tonnen	1900	1901	1902	1903	1904	1905	1906	1907	1908	1909	1910	1911	1912
im ganzen	18,6	17,4	17,9	18,6	18,9	16,5	15,1	17,5	19,3	19,1	20,2	20,1	21,4
davon Dampfer	17,7	16,8	17,4	18	18,4	16,1	14,6	17,1	18,9	18,7	19,8	19,6	20,9

Kleine Kabotage in Odessa. (Nach „обзоры“.)

	1900	1901	1902	1903	1904	1905	1906	1907	1908	1909	1910	1911	1912
Ankunft													
Schiffe im ganzen	4615	4794	4485	5097	5161	4593	5147	4564	5353	4954	5510	5264	5717
in 1000 R.-T.	1544,8	1529,8	1512,8	1603,9	1658	1450	1471,3	1546,3	1760,6	1632,4	1702,8	1639,1	1775,3
davon Segler	2016	2343	2124	2544	2215	1952	2443	1670	2037	1858	2091	2097	2224
in 1000 R.-T.	92,8	109,3	100,8	118,5	100,8	82,1	108,9	74,6	81	75,9	83,3	85,2	92,9
davon mit Ladung	1971	2313	2099	2511	2161	1883	2410	1604	1984	1810	2005	2053	2116
in 1000 R.-T.	87,2	102,4	95,8	113	95,5	74,1	106,2	66,8	77,4	74,2	80,2	83,5	89,1
ohne Ladung	45	30	25	33	54	69	33	66	53	48	86	44	108
in 1000 R.-T.	5,7	6,9	5	5,6	5,3	8	2,6	7,7	3,6	1,7	3	1,7	3,8
Dampfer	2599	2451	2361	2553	2946	2641	2704	2984	3316	3096	3419	3167	3493
in 1000 R.-T.	1451,9	1420,6	1412	1485,3	1557,2	1367,8	1362,4	1471,7	1679,6	1556,5	1619,5	1553,9	1682,4
davon mit Ladung	2637	2245	2164	2347	2691	2447	2541	2716	3141	2928	3210	2978	3236
in 1000 R.-T.	1265,8	1241,5	1236,1	1324,5	1387,6	1235,9	1246,2	1362	1547	1419,1	1464,7	1410,7	1497
ohne Ladung	232	206	197	206	255	194	163	178	175	168	209	189	257
in 1000 R.-T.	186,2	179	175,8	160,8	169,6	131,9	116,2	109,8	132,6	137,4	154,8	143,2	185,3
Abfahrt													
Schiffe im ganzen	4560	4868	4527	5136	5152	4641	5135	4613	5367	5080	5490	5381	5807
in 1000 R.-T.	1541,5	1562,4	1562,5	1620,6	1654	1456,6	1480,8	1541,5	1763,4	1633	1701,5	1650,3	1780,4
davon Segler	1940	2634	2125	2561	2243	1989	2404	1696	2000	1931	2032	2141	2226
in 1000 R.-T.	86,5	110,6	101,1	118,4	100,4	85,6	105,4	77,5	79,8	79,1	80,4	87,1	93
davon mit Ladung	584	619	601	683	649	732	673	669	672	703	605	785	642
in 1000 R.-T.	24	25,9	25,3	28,4	24,9	30,8	28,1	26,4	27,2	26,5	23,5	32,3	27,6
ohne Ladung	1356	1745	1524	1878	1594	1257	1731	1027	1328	1228	1427	1356	1584
in 1000 R.-T.	62,6	84,7	75,8	90	75,5	54,7	77,3	51,1	52,7	52,6	56,9	54,8	65,5
Dampfer	2620	2504	2402	2576	2909	2652	2731	2917	3367	3149	3458	3240	3581
in 1000 R.-T.	1455	1451,8	1425,3	1502,1	1553,6	1371	1375,4	1464	1683,6	1554	1621,1	1563,2	1687,4
davon mit Ladung	2311	2112	1979	2127	2405	2175	2265	2397	2841	2607	2855	2691	3000
in 1000 R. T.	1186,8	1114,6	1081,4	1151,4	1205,6	1076,4	1045,4	1125,6	1312,5	1176,7	1243,7	1161,6	1273,1
ohne Ladung	309	392	423	448	504	477	466	520	523	542	603	549	581
in 1000 R.-T.	268,2	337,2	343,9	350,7	348	294,6	330,1	338,4	371,1	377,2	377,4	401,6	414,2

Zufuhr nach Odessa mit kleiner

in 1000 Pud	1900	1901	1902	1903
Weizen	9706	11830,6	15369,6	30527,4
Roggen	3729	6130,5	11277,8	11453,1
Gerste	6529,5	9759,6	12107,6	20014,1
Hafer	483,2	462,2	138,9	632,1
Mais	752,7	1680,3	2844,5	1922,4
Grütze, Hirse	385	788,2	574,9	818,8
Weizenmehl	843,1	1376,8	1223,9	2084,8
Kleie	489,2	413,2	423,9	587,6
Getreide im ganzen	23153,5	32771	44035,3	68257,4
Kochsalz	5551,2	5951,8	5760,7	5679,8
Früchte und Gemüse	1929,2	3019,2	1575,7	2342,2
Fische und Rogen	934,7	1027,6	1079	920,8
Weine und alkoholische Getränke	580,4	716	639,2	742,6
Tabak und Tabakwaren	486	598	533,9	693,9
Bauholz	3587,3	2610,8	1284,3	760,9
Sämereien	427,8	523	464,2	748,6
Pflanzenöl	287,9	277,1	446,7	408,8
Ölkuchen	426,1	340,7	107,7	341,4
Rohbaumwolle	781,4	1197,8	1294,5	995,6
Rohwolle	252,8	252,8	294,5	208,1
Häute und Felle	135,3	111,3	110,6	169,3
Sand, Steine, Erde	1073,6	2908,1	882,4	456,9
Zement	815,8	923,9	958,6	983,1
Steinkohle und Koks	13969,6	17628,8	19568,9	23065,8
Unbearbeitetes Eisen	1091,3	937,2	1138,5	1578,1
Sonstige Rohmetalle	112,8	139,6	99,8	105,3
Kerosin und ähnl.	5446,2	4469,3	5602	4944,4
Mineralöl (Schmieröl)	280,2	301,1	404,8	169,6
Naphtharückstände	621,4	934,3	842,7	803,9
Naphtha und Naphthaprodukte	6357,5	5704,6	6853,7	5917,9
Drogen, Chemikalien	78,5	70,7	122	112,8
Glas, Porzellan und ähnl.	195,4	223	244,8	248,2
Eisen-, Stahl-, Metallwaren	489,6	341,7	380,3	350,2
Böttcher- und Tischlerwaren	119,2	121,3	139,1	152,7
Gesamtzufuhr in Mill. Pud	65,7	80,7	90,5	117,3

Übersicht des Warenverkehrs mit kleiner Kabotage auf

in Mill. Pud	1900	1901	1902	1903
Getreide	38,4	45,9	59,4	85
Steinkohle	35,8	40,2	34,3	41,4
Fische	1,9	2,1	2,1	2,2
Baumwolle	1	1,5	1,6	1,4
Kochsalz	10,3	10,6	10,5	10,4
Zement	5,4	5	5,4	5,1
Sand, Steine, Erde, Lehm	6,6	8,5	6,4	6,3
Bauholz	11,4	10,3	9,4	9
Naphtha	8,9	7,5	8,9	7,9
Zucker	6,1	7	7,8	7,4
Gesamtverkehr			200,7	237,7

Kabotage. (Nach „обзоры“.)

1904	1905	1906	1907	1908	1909	1910	1911	1912
31537,6	24877	17560,2	5935,6	3260,3	1555,6	5392	3059,5	2364,5
5470,9	4161,6	4667,4	1401	666,3	303,9	1635	876,3	652,3
17280,8	10350,6	9160,3	6149,5	5189,7	8004,3	8709,9	10136,7	5324,8
655,5	616,9	163,3	99,6	98,5	131,7	156,2	202,6	218
1846,6	432,7	485	4951	2993,4	3250,6	1657,2	3741	2555,7
884	698,8	650	433,7	231,8	829,1	840,3	690,8	523
2429,2	1825,9	1541,3	884	1471,3	1577,7	1574,5	1749,8	1160,7
894,9	273,6	353,6	184,8	258,7	146,9	266,6	166,8	162,1
61152,7	43315	34623,6	20065,4	14217,3	15867,6	20310,7	20704,7	13020,3
5820,5	6146,3	8636,8	4931,8	5734,5	5620,6	6623,6	7034,7	6721,9
1600	699,8	1807,1	2056,1	2107,5	1476,4	2173,1	2205,1	1714,1
916,2	610	671,3	618,1	699,4	691,9	720,2	612,6	686
665,7	637	829,6	819,7	981	1075,3	1118,5	1314,1	1289
557,5	454,6	573,9	417,4	449,1	537,6	518,9	563,7	569,5
415,5	406,4	366,3	357,1	174,9	403,7	402,8	267,1	439,5
761,5	455,1	438,5	214,2	291,8	924,9	739,7	1217,9	1332,8
321,5	361,8	523,4	549,7	688	390,5	357,8	768,4	523,3
409,9	461,8	155,7	194,7	61,8		81,7	244,7	134,2
1313,2	801,8	473	520,2	428,1	345,8	548,5	768,2	1049,9
216,7	158,1	331,5	202,2	119,9	159,3	134,3	114,3	106.6
109,7	142,2	220,3	191,4	121,3	105,3	127,2	144,9	185,2
179,4	71,9	52,1	23,5	14,6	310	265,8	485,6	1211,5
630,8	551,3	648,3	627,3	802,2	952,1	1267,1	1020,7	868,3
32438,1	26897,1	28353,7	36311	39222,9	39401,5	34418,9	39902,7	38491,2
1575,4	1132,7	1293,6	932,5	1396	1571,6	1718,3	1731,5	1923,9
133,2	112,9	105,8	183,4	198,2	272,2	321,2	346,8	440,9
3537,6	3247,9	4149,6	3774,1	4347,5	4227,9	3462,5	3567,4	3580,5
165,9	245,3	290,7	232,7	142	111,5	292	205,7	186
598,7	499,8	1499,4	1221,5	1265,1	1240,9	1682,1	2585,5	975,5
4302,4	3993,1	5939,7	5228,8	5754,8	5580,5	5438,5	6882,7	5651,4
111,1	95,7	67,1	232,1	240,7	221,6	237,7	362,5	228,1
257,1	208,8	206,6	211	217,9	241,1	258,7	317	320,2
365,9	175,9	231,9	162,9	246,3	401,6	724,2	1409,2	873,1
146,4	134,8	142	145,5	141,5	148,1	203,4	176,6	177,1
116,8	90,6	88,5	76,7	75,6	78,2	80,4	90,5	80

dem Schwarzen und Asowschen Meer. (Nach „обзоры“.)

1904	1905	1906	1907	1908	1909	1910	1911	1912
84,9	61,3	57,1	38,9	34,6	32,8	10,2	49,4	32,7
51,7	44,9	50,3	55,1	61,4	62,6	58,5	67,3	66,1
2,2	1,7	1,9	1,7	1,7	1,8	1,8	1,6	1,6
1,7	1,2	0,6	0,8	0,8	0,8	0,9	1,2	1,4
11,4	11,4	13,6	9,3	10,4	10,1	10,9	12,5	11,7
4,4	3,7	3,8	3,7	5	6,3	8,9	10,1	10
8,7	4,5	3,5	4,2	5	4,2	8,6	9,2	10,2
9,1	4,7	4,9	5,1	4,4	7	7,2	8,6	8,3
6	5,7	7,8	6,8	7,7	7,5	7,6	10	7,9
6,8	5,3	7,2	7,1	6,6	6,9	7,5	7,7	7,7
247,8	200,2	208,7	184,7	192,7	199,3	221,3	250,4	232,4

Ausfuhr Odessas mit kleiner

in 1000 Pud	1900	1901	1902	1903
Grütze, Hirse, Reis	208,7	186,8	186	96,7
Weizenmehl	1151,3	1079,4	1503,8	1197,3
Getreide im ganzen	2159,7	1546,1	1839,3	1377,5
Kochsalz	93,9	102,8	127,4	69,2
Früchte und Gemüse	1934,6	1959,9	1785,9	1371,3
Fische und Rogen	166,1	208,4	192,9	262,6
Zucker	5729,7	6540,3	7021,2	6441,6
Tee	178,9	238,4	310	231,4
Weine und alkoholische Getränke	700,5	935,5	861,7	943,1
Tabak- und Tabakwaren	59,6	41,7	81,8	86,9
Bauholz	857,5	747,9	1395,2	1330,4
Pflanzenöl	601,2	676,2	826,3	988,7
Häute und Felle	141,2	140,4	149,8	171,8
Sand, Steine, Lehm	328,8	349	347,3	424
Zement	226,2	258,1	131,1	186,4
Ziegel	283,6	268,5	308,8	434,4
Steinkohle und Koks	1721,9	1575,9	1005,7	1688
Sprit	100,2	107,1	120,8	106,5
Erze	130,3	40,1	0,1	42,4
Unverarbeitetes Eisen	1276,2	687,3	493,4	609,6
Sonstige unverarbeitete Metalle	149,2	176,8	169,9	208,6
Kerosin	103,3	66,5	62,7	91,5
Naphtha- und Naphthaprodukte im ganzen	254,4	106,4	111,6	155,5
Drogen und Chemikalien	891,2	856,3	789,3	816,8
Glas, Porzellan und ähnl.	420,3	389,7	362,3	424,6
Farben	337,4	339	353,6	398,7
Maschinen, Apparate, landw. Geräte	410,4	376,3	368,7	446,3
Säcke aus Lein und Jute	171,1	149,1	148,7	200,8
Seife	226,3	247,5	224,2	240,1
Lein und Flachs			134,1	113,9
Eisen-, Stahl-, Metallwaren	1997,2	1623,3	1513,9	1723,7
Böttcher- und Tischlerwaren	327,8	327,5	286,6	283,5
Manufakturwaren	448,8	409	496,1	523,7
Papier, Karton	540,2	635	592,7	716,3
Gesamtausfuhr in Mill. Pud	25,4	24,9	25,3	26

Ausfuhr Akkermans mit kleiner

in 1000 Pud	1900	1901	1902	1903
Weizen	460,5	2095,3	1915,4	1915,6
Gerste	2766	3430,6	2775,4	4810
Mais	622,6	1354,4	1776,1	1557
Getreide zusammen	4121	7491,2	6674,3	8977
Weine aller Art	206,6	276,1	205,8	244
Ölsaaten	20,6	38,4	144	244,5
Gesamtausfuhr in Mill. Pud	4,6	8,2	7,2	9,6

Kabotage. (Nach „обзорн“.)

1904	1905	1906	1907	1908	1909	1910	1911	1912
64,8	67,1	66,8	92,2	148,9	101,7	89,3	94,8	114,8
927,8	628,9	1372,2	2099,5	1107,8	883,4	653,4	1476,6	1060,1
1592,4	856	1714,1	2478,9	1713	1101,3	828	1807,9	1424,3
187,3	89,6	190,8	186,7	202,4	201,7	140,9	156,1	231,1
1133,9	1204,9	1028	1278,1	1404,9	1316,8	1251,4	1467,4	1317,2
309,8	280	338,4	360,2	429,7	405,4	479,4	459,1	425,6
5906,3	4530,6	6104,4	6212,9	5303,1	5978,3	6646	6374,3	6142,7
410,1	659,4	477,8	407,1	298,7	249	282,3	295,9	300,1
952,8	835,3	911,3	855,1	852,8	920	1020,6	1146,9	1094,6
73,8	44,3	52	72,3	43,6	26,8	43,2	55,6	47,4
1672,7	441,2	197,7	160,3	289,8	654	750,2	873,3	740,4
849,8	828,6	716,9	664,7	711,5	772,9	822,7	873,3	795,5
174,1	129,6	186,1	177,6	195,9	177,8	193,1	879,7	216,3
725,3	695,6	314,2	826,6	769,6	666,8	433,3	190,4	321,1
345,6	514,1	173	102,4	145,1	210,1	481,3	567,3	546,9
415,7	878,6	915,3	313,4	819,6	963,5	1058,9	1898,1	1158,9
1157,4	1660,7	1106	1204,2	1303,2	1322	1505,6	1619	1345,9
87,6	60,7	110,2	104,3	72,5		109,3	109,9	138,2
226,6	254,9	2,1	11,3	159	184,5	186,9	215,5	60,5
542	667,7	297,7	312,1	276,8	361,1	388,6	436,2	530,3
178,5	167,8	79,2	99,2	88,2	105,1	99,2	53,6	48,3
85,8	153,8	142,7	91,5	177	101,1	133,2	288,4	138,9
118,7	198,5	255,9	153,5	221,8	141,1	208,5	389,1	321,5
750,6	568,4	446,3	872,5	1008,3	1146	1228,2	1005,7	1036,7
391,3	250,1	219,6	308,3	305,4	348,2	376,6	420	382,5
345,4	295,1	336,1	Ab 1906 ist die russische Statistik nicht mehr so spezialisiert; z. B. sind nebenstehende Posten nicht mehr besonders aufgeführt. Die Farben sind bei Drogen und Chemikalien eingerechnet usw.					
487,9	337,2	432,8						
205,6	158,3	119,8						
202,1	169,8	142,7						
124		77						
1840,5	1072,2	1417,3	1497,6	1498,9	1885,2	2222,8	2230,8	2306,8
254,7	228	222,4	220,9	254,4	246,3	301,4	336,9	336,7
476,2	404,6	415,7	439,3	439	557,2	704,7	806,7	896,6
866,4	658,2	639,3	803,3	1033,6	1015,1	1133,2	1386,8	1238,1
26,3	22,1	22,9	23	23,2	24,5	27,1	30,3	27,4

Kabotage. (Nach „обзоры“.)

1904	1905	1906	1907	1908	1909	1910	1911	1912
413,3	1244,2	4260,9	1063	—	219,4	3947,5	1919,8	477,5
1325,6	3355,9	4938,9	3422,9	2642,7	5125,3	4963,6	7153,8	3183,9
1260,8	10,6	207	3205,9	2283,5	2000	904	3158,8	1750,3
3227,7	4784,6	10216,5	8077,4	4966,1	7412,5	10141,8	11595,5	5546,7
213,3	236,2	375,8	275,3	232,2	380	359	296,4	252,6
128,8	97,1	112,9	19,1	33,5	52,8	44,1	59	59
3,7	5,2	10,9	8,5	5,3	8	10,6	12,1	6

Kabotageverkehr Chersons und Nikolajews.

in 1000 Pud	1901	1902	1903	1904	1905	1906	1907	1908	1909	1910	1911	1912
Ausfuhr.												
Aus Cherson:												
Weizen	9161,8	13433	28652,2	33891,1	24388,6	13325,1	3242	1935,4	677,9	824,4	1312,5	1852,1
Weizenmehl	757,3	754,2	1495,7	1012,1	759,2	812,2	618,5	845,3	943,2	1050,5	1249,1	874,8
Roggen	5225,6	11266,4	11246,7	6511,3	4046,2	3134,3	775,4	377,5	40,7	568,9	170	168,9
Gerste	5030,4	8685,7	13820,2	16846,8	6614,6	3411,1	638,5	325,8	7,1	5,9	4,6	8,8
Getreide im ganzen (Mill. Pud)	20,7	34,7	56,4	59,9	36,6	21,1	5,6	3,6	1,9	2,6	2,9	3,1
Bauholz	5240	4157,5	3688,2	3237,5	1984,2	2058	2535,6	2500,3	3962,6	3925,8	4244,3	4723,7
Gesamtausfuhr in Mill. Pud	30	41,1	63	66,1	41,2	25,8	9,9	7,7	7,5	8	8,7	10,4
Aus Nikolajew:												
Zucker	200,6	553,3	662,9	596	543,3	835,3	181,4	1051,5	778,2	732,3	1131,3	1304,5
Getreide	744	380,8	263	252,6	262,3	466,9	469	468,4	355	381	517,2	522,2
Weizenmehl		84,9	62,5	153,8	185,6	316,6	268,2	253,3	299,5	164,1	475,7	265,7
Gesamtausfuhr in Mill. Pud	2,2	2,9	3,1	2,9	2,9	3,1	2,9	3,2	2,8	2,9	3,8	3,9
Zufuhr.												
Nach Cherson:												
Getreide	201,6	74,8	93,9	61,5	48,6	67,9	98,1	41,6	39,9	48	56,2	73,1
Gesamtzufuhr in Mill. Pud	4,8	5,4	7,7	8,1	8	8,2	6,6	6,5	6,4	6,6	6,7	5,5
Nach Nikolajew:												
Getreide	203,2	3052,4	3118,3	6234,7	3558,2	456,2	1253,4	751,7	968	759,4	1087	1338,6
Gesamtzufuhr in Mill. Pud	5,9	10,1	10,6	14,7	12,8	12,5	10,1	8,3	10,6	9,4	13,1	11,4

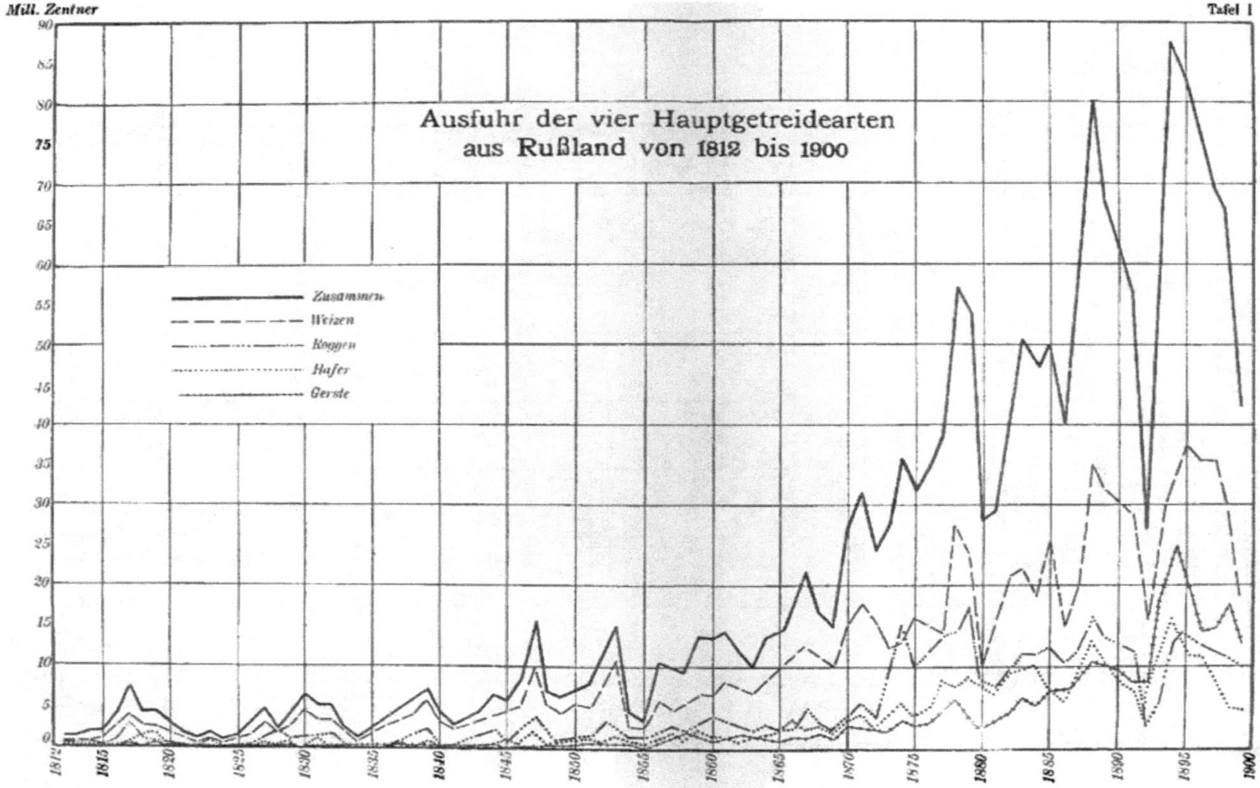

Tafel I

Ausfuhr der vier Hauptgetreidearten aus Rußland von 1812 bis 1900

Mill. Zentner

90
85
80
75
70
65
60
55
50
45
40
35
30
25
20
15
10
5
0

1812 1815 1820 1825 1830 1835 1840 1845 1850 1855 1860 1865 1870 1875 1880 1885 1890 1895 1900

Zusammen
Weizen
Roggen
Hafer
Gerste

Tafel 2

Weizenausfuhr Rußlands im Verhältnis zur Ausfuhr von Weizen und Weizenmehl aus den Vereinigten Staaten während des letzten Jahrhunderts
Millionen Zentner
amerikanischer Weizen in Körnern
amerikanisches Weizenmehl
russischer Weizen in Körnern
45
40
35
30
25
20
15
10
5
0
1800
1805
1810
1815
1820
1825
1830
1835
1840
1845
1850
1855
1860
1865
1870
1875
1880
1885
1890
1895
1900

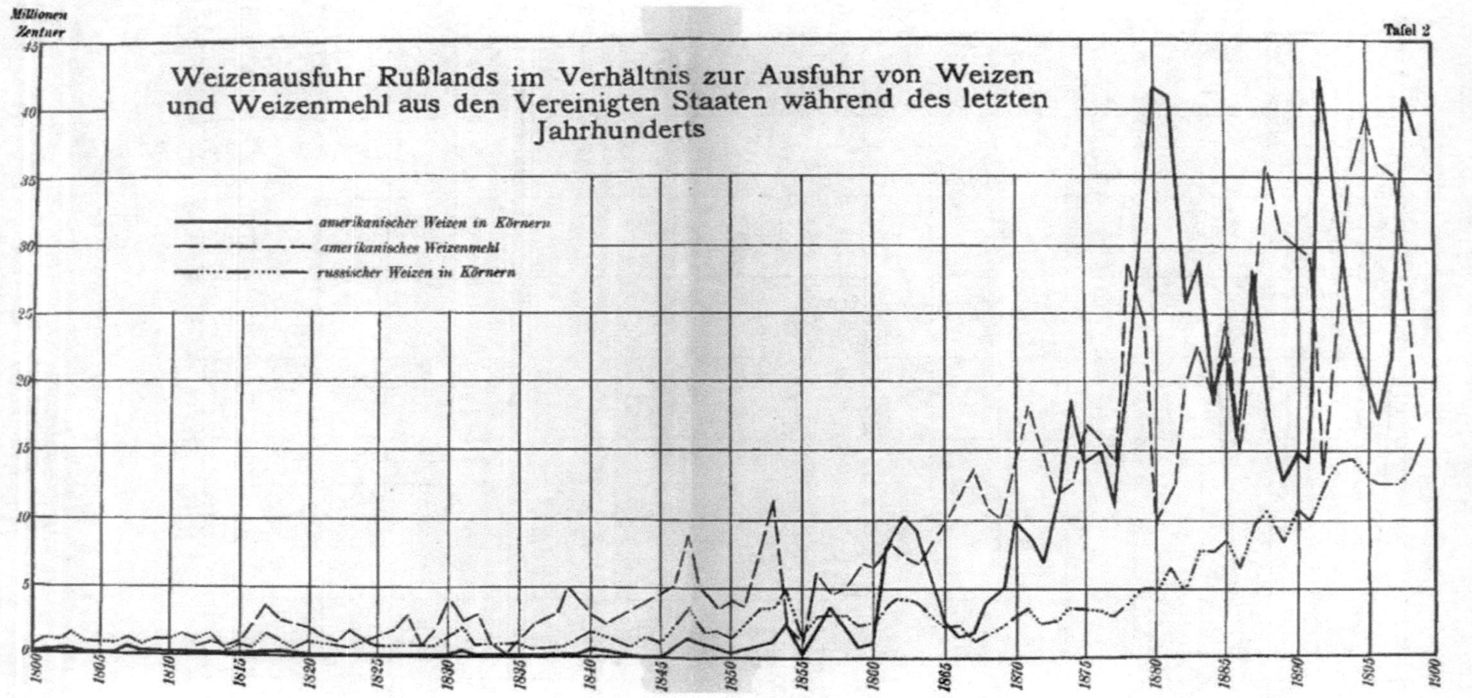

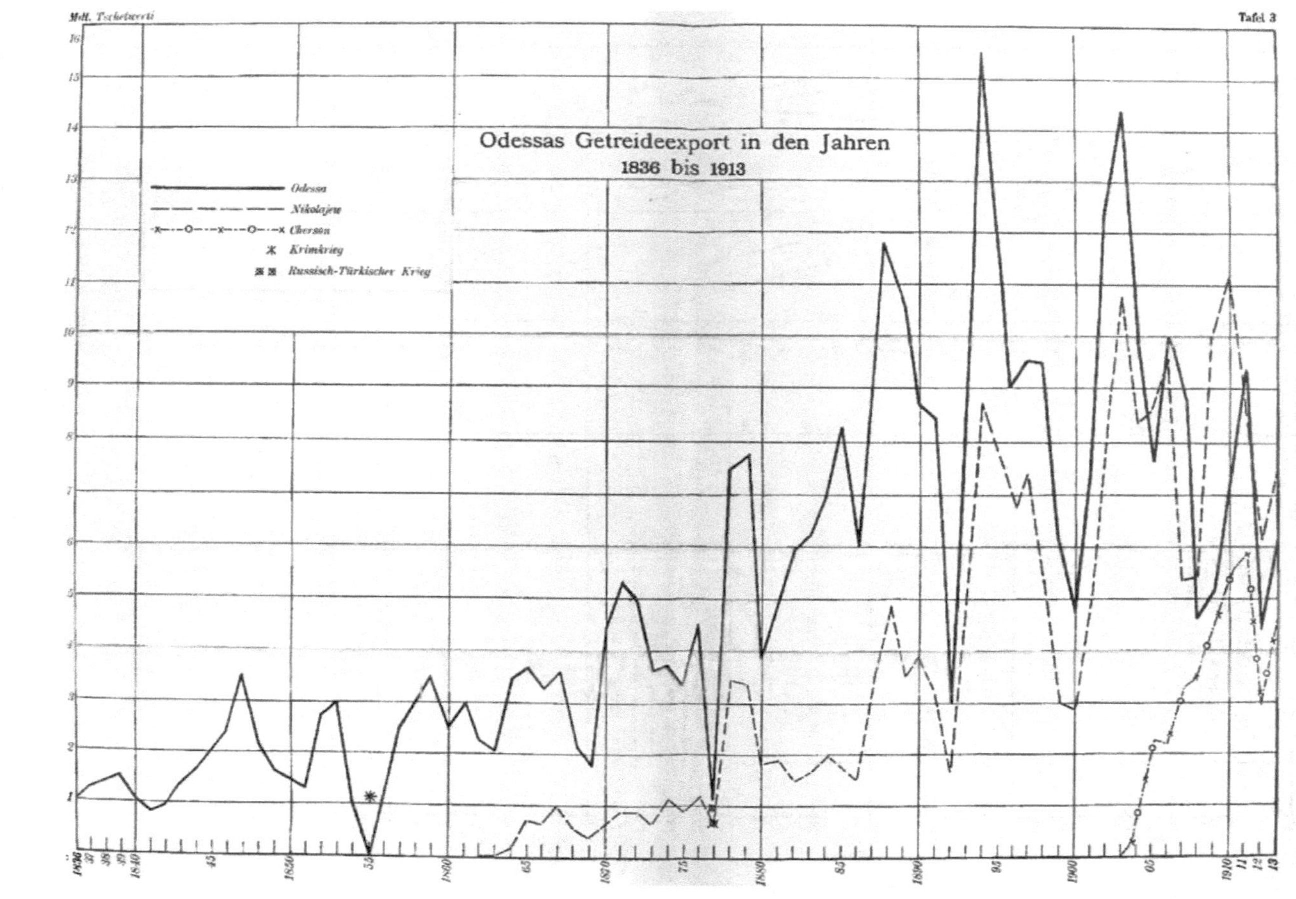
Mill. Tschetwerti
Odessas Getreideexport in den Jahren
1836 bis 1913
Odessa
Nikolajew
Cherson
Krimkrieg
Russisch-Türkischer Krieg
16
15
14
13
12
11
10
9
8
7
6
5
4
3
2
1
1836
37
38
39
1840
45
1850
55
1860
65
1870
75
1880
85
1890
95
1900
05
1910
11
12
13

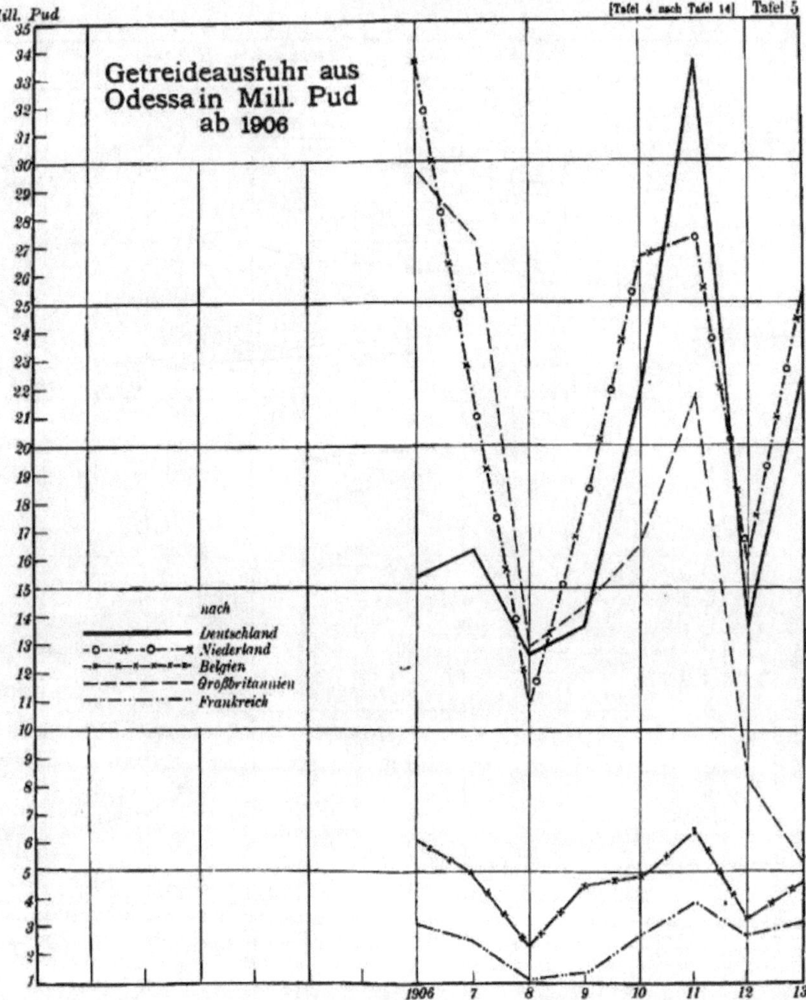
Mill. Pud
Getreideausfuhr aus Odessa in Mill. Pud ab 1906
nach
Deutschland
Niederland
Belgien
Großbritannien
Frankreich
1906
7
8
9
10
11
12
13

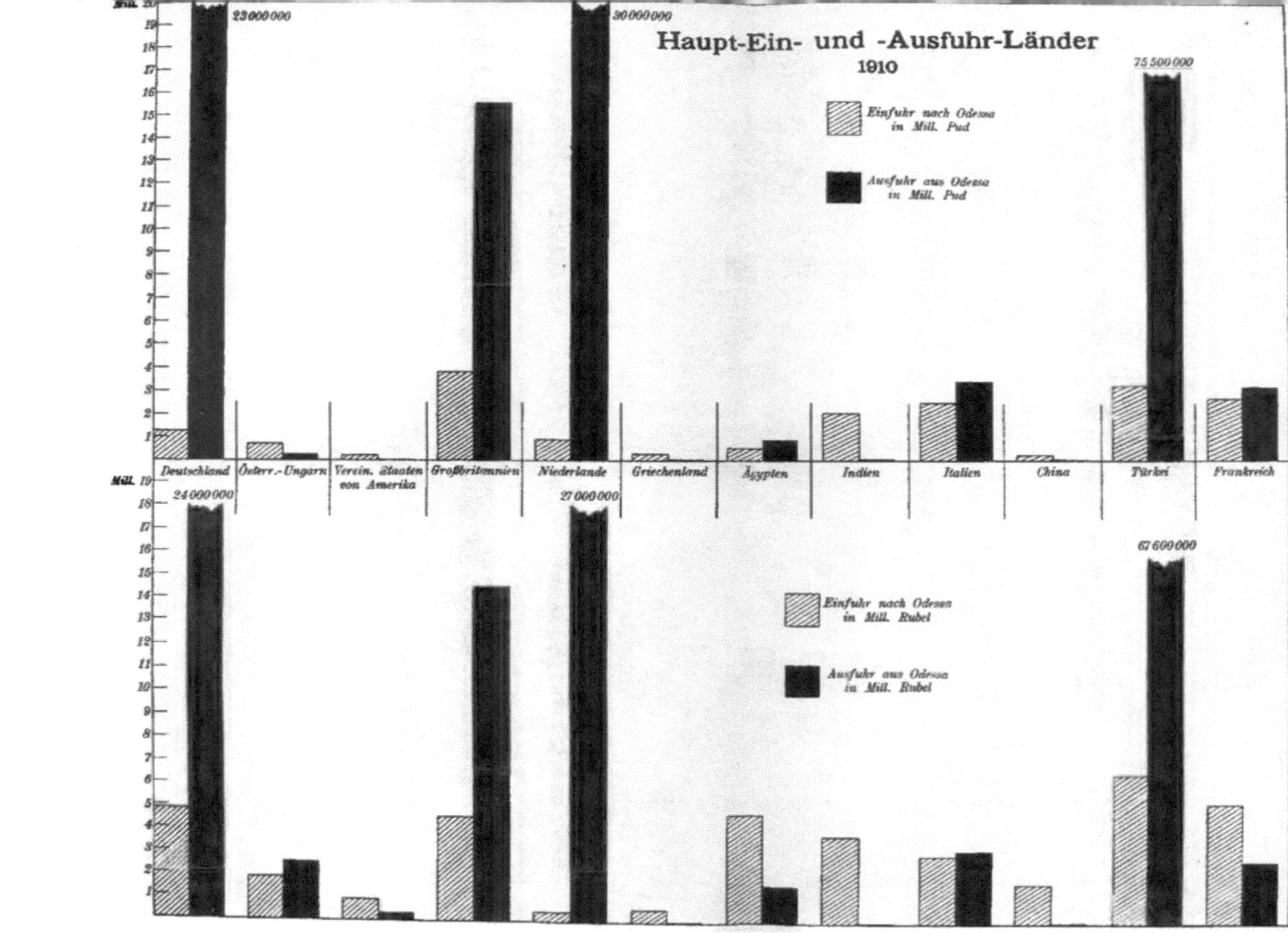
Haupt-Ein- und -Ausfuhr-Länder
1910
Einfuhr nach Odessa in Mill. Pud
Ausfuhr aus Odessa in Mill. Pud
Mill.
23000000
30000000
75500000
Deutschland
Österr.-Ungarn
Verein. Staaten von Amerika
Großbritannien
Niederlande
Griechenland
Ägypten
Indien
Italien
China
Türkei
Frankreich
Mill.
24000000
27000000
67600000
Einfuhr nach Odessa in Mill. Rubel
Ausfuhr aus Odessa in Mill. Rubel

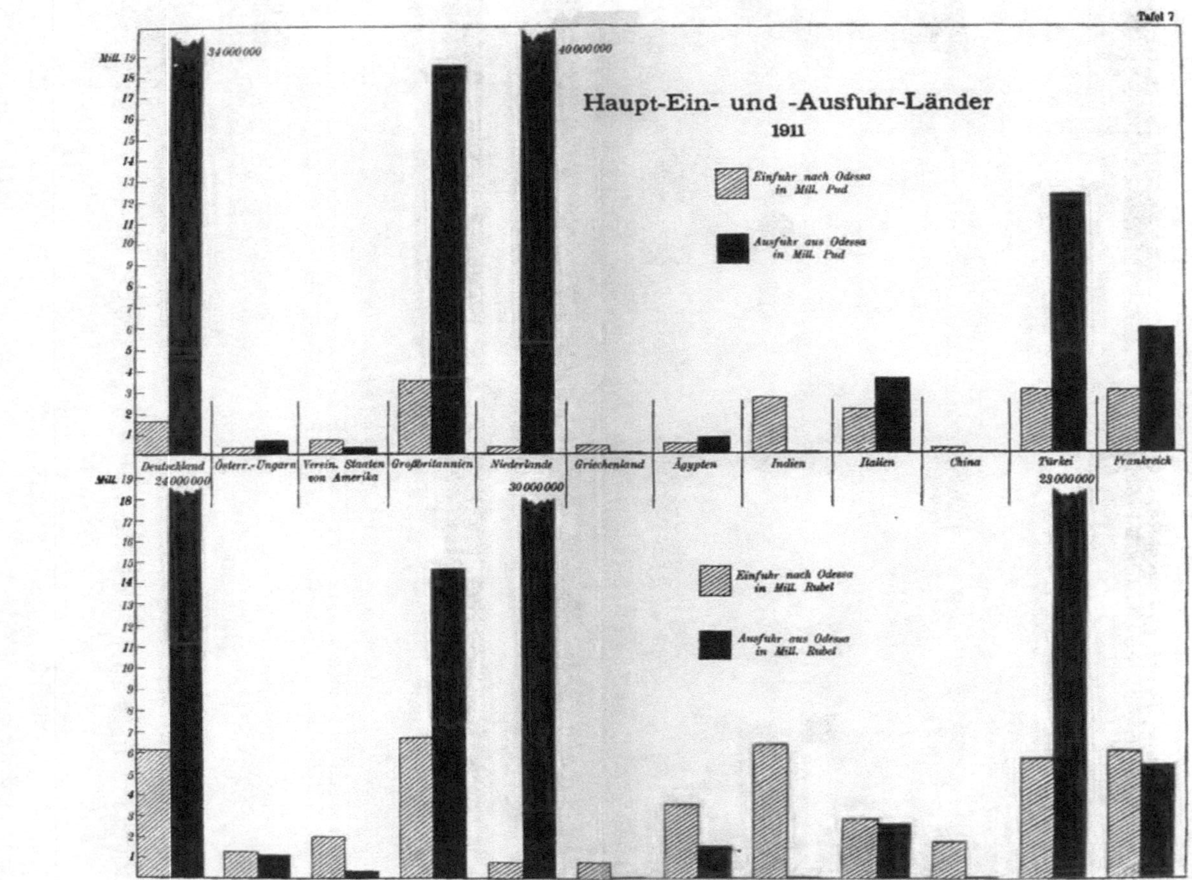
Haupt-Ein- und -Ausfuhr-Länder
1911
Einfuhr nach Odessa in Mill. Pud
Ausfuhr aus Odessa in Mill. Pud
Einfuhr nach Odessa in Mill. Rubel
Ausfuhr aus Odessa in Mill. Rubel
Mill.
34 000 000
40 000 000
24 000 000
30 000 000
23 000 000
Deutschland
Österr.-Ungarn
Verein. Staaten von Amerika
Großbritannien
Niederlande
Griechenland
Ägypten
Indien
Italien
China
Türkei
Frankreich

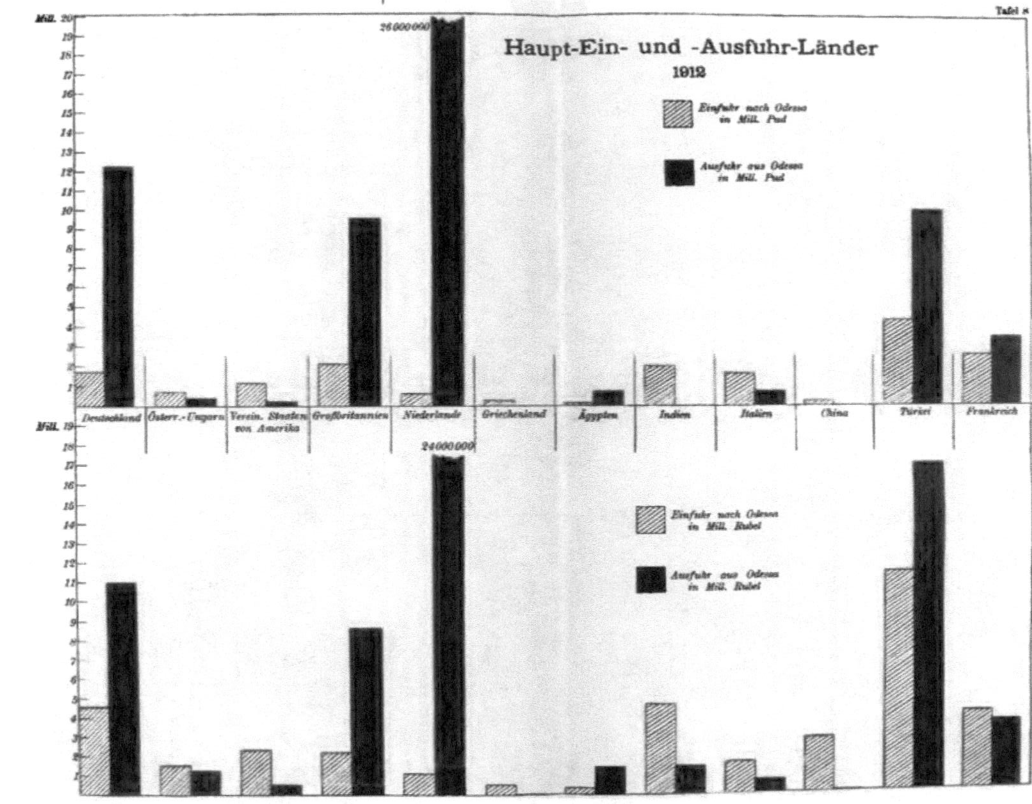
Tafel 8
Haupt-Ein- und -Ausfuhr-Länder
1912
Einfuhr nach Odessa in Mill. Pud
Ausfuhr aus Odessa in Mill. Pud
Mill.
26000000
Deutschland
Österr.-Ungarn
Verein. Staaten von Amerika
Großbritannien
Niederlande
Griechenland
Ägypten
Indien
Italien
China
Türkei
Frankreich
Einfuhr nach Odessa in Mill. Rubel
Ausfuhr aus Odessa in Mill. Rubel
Mill.
24000000

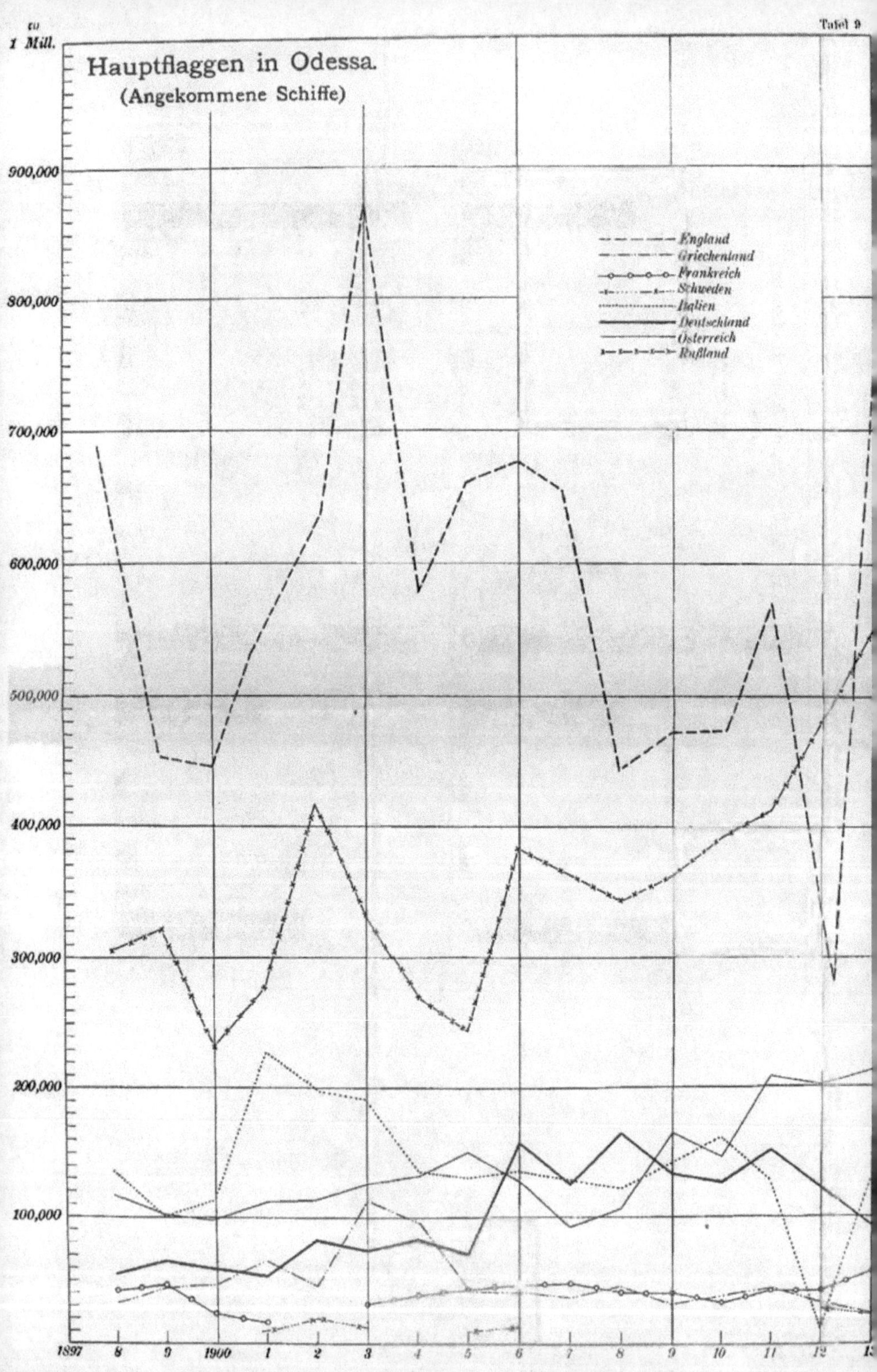
Hauptflaggen in Odessa.
(Angekommene Schiffe)
to
1 Mill.
900,000
800,000
700,000
600,000
500,000
400,000
300,000
200,000
100,000
England
Griechenland
Frankreich
Schweden
Italien
Deutschland
Österreich
Rußland
1897
8
9
1900
1
2
3
4
5
6
7
8
9
10
11
12
13

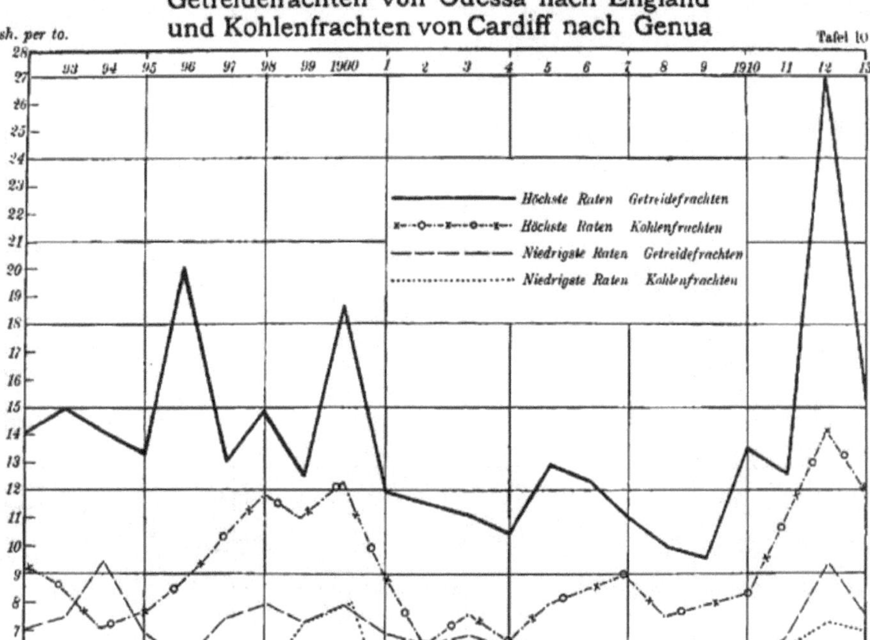
Getreidefrachten von Odessa nach England
und Kohlenfrachten von Cardiff nach Genua
sh. per to.
Tafel 10
Höchste Raten Getreidefrachten
Höchste Raten Kohlenfrachten
Niedrigste Raten Getreidefrachten
Niedrigste Raten Kohlenfrachten

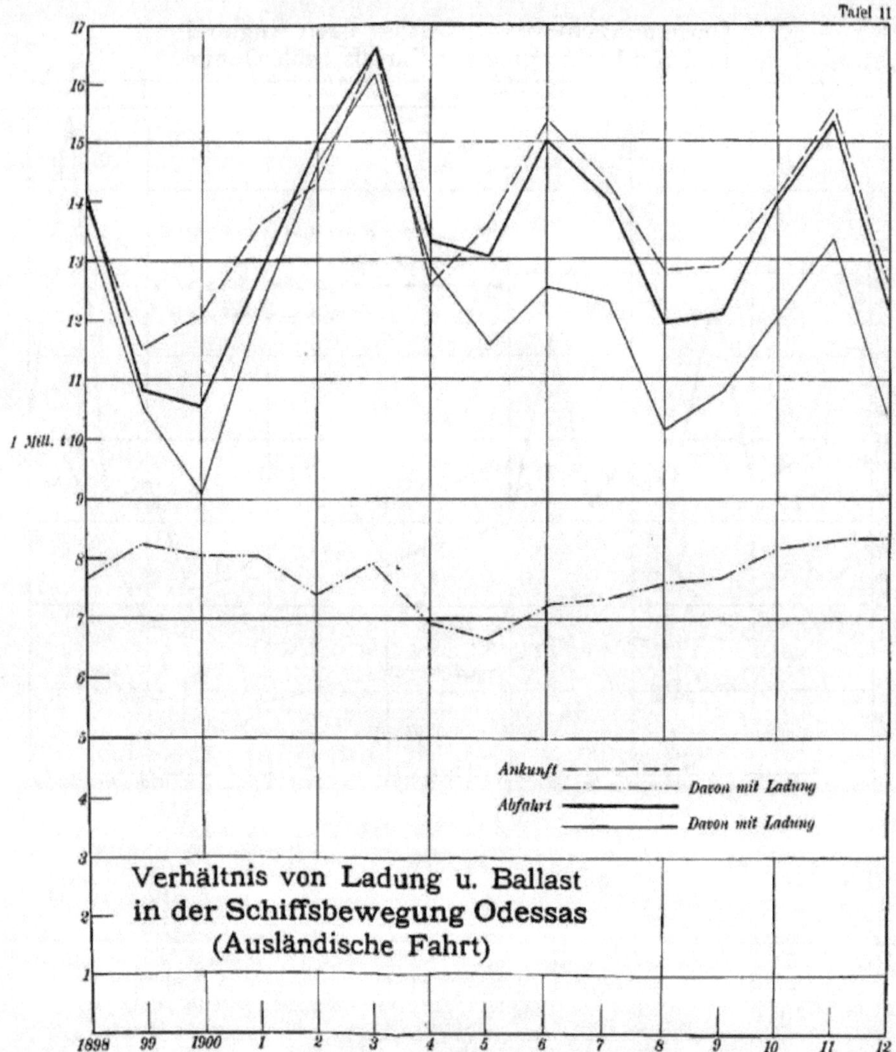

Verhältnis von Ladung u. Ballast in der Schiffsbewegung Odessas (Ausländische Fahrt)

Tafel 12

Die englische, russische und deutsche Flagge in den wichtigsten Südhäfen Rußlands. (Ankunft)

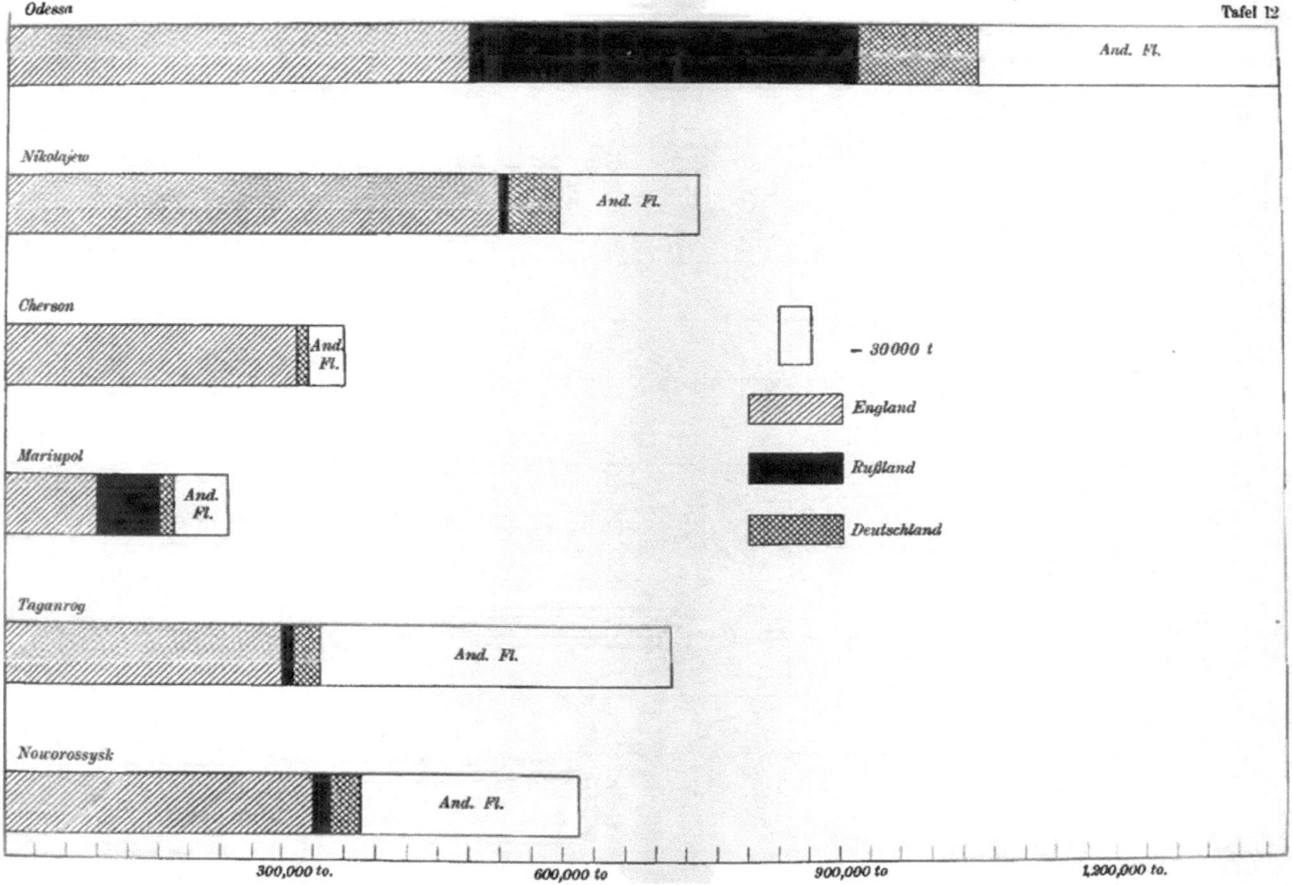

Odessa

And. Fl.

Nikolajew

And. Fl.

Cherson

And. Fl.

Mariupol

And. Fl.

Taganrog

And. Fl.

Nowurossysk

And. Fl.

– 30000 t

England

Rußland

Deutschland

300,000 to.

600,000 to

900,000 to

1,200,000 to.

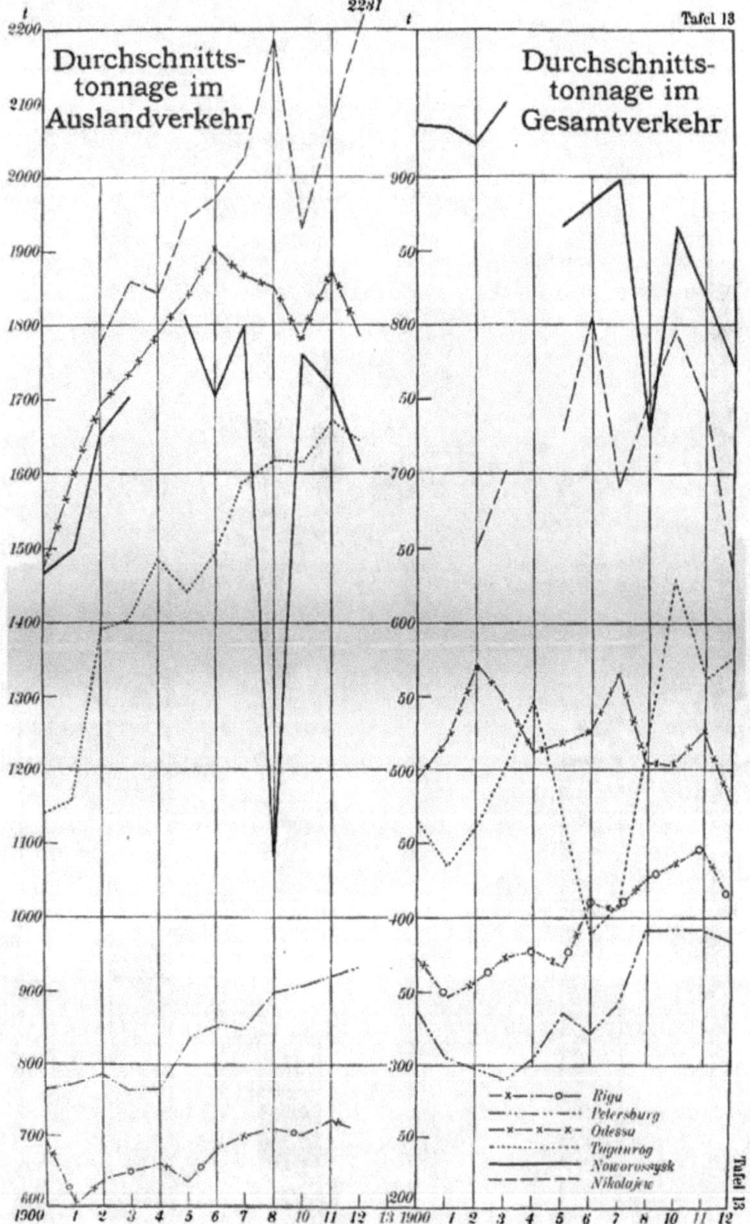
Durchschnitts-
tonnage im
Auslandverkehr
Durchschnitts-
tonnage im
Gesamtverkehr
2281
Riga
Petersburg
Odessa
Taganrog
Noworossysk
Nikolajew
1900
1
2
3
4
5
6
7
8
10
11
12
13
t

Tafel 14

Die englische Flagge im Schiffsverkehr Odessas

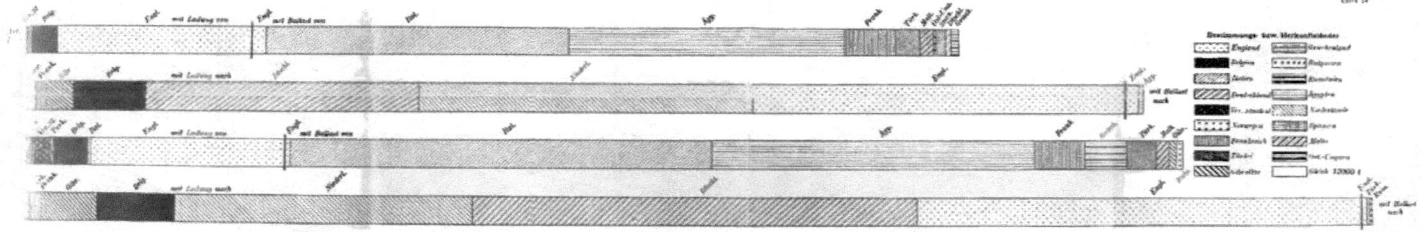

mit Ladung von

mit Ballast von

mit Ladung nach

mit Ballast nach

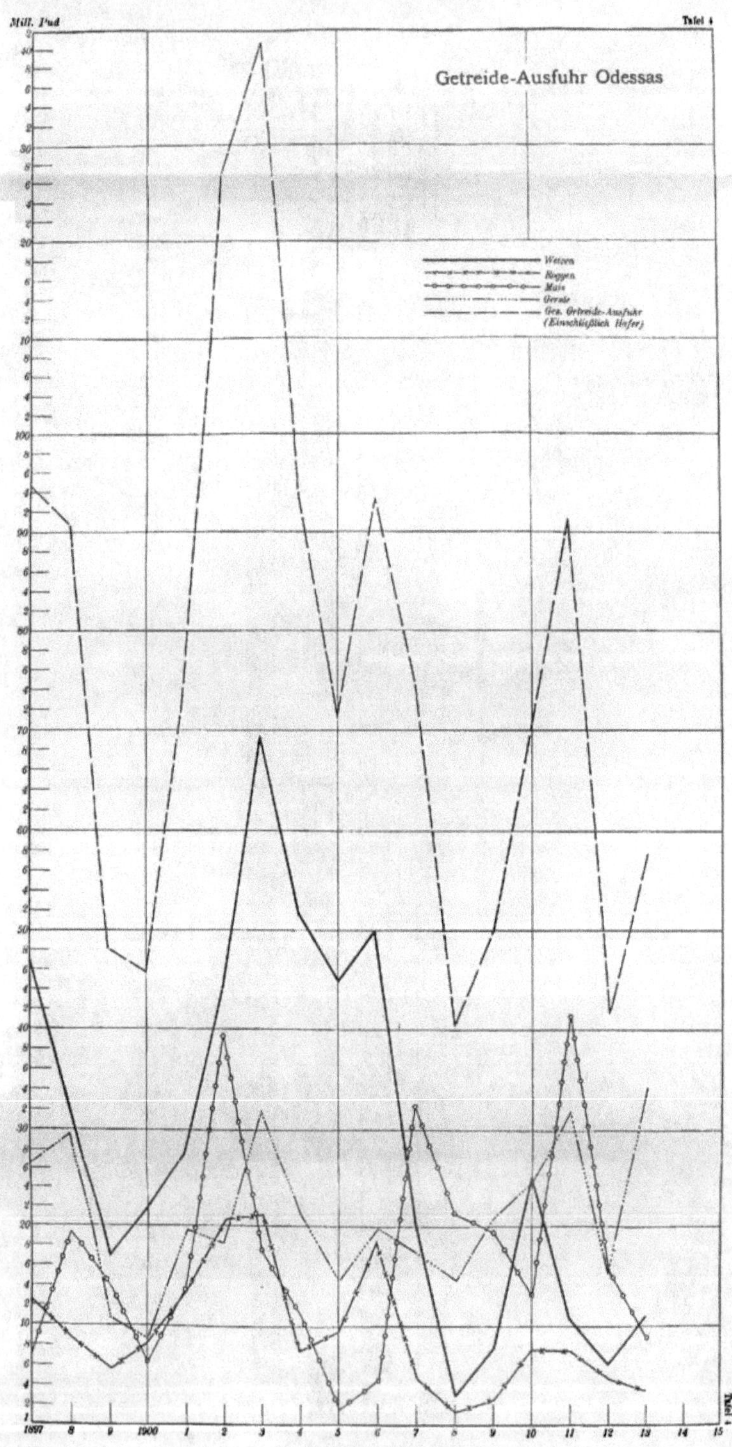
Getreide-Ausfuhr Odessas
Mill. Pud
Weizen
Roggen
Mais
Gerste
Ges. Getreide-Ausfuhr
(Einschließlich Hafer)
1897
8
9
1900
1
2
3
4
5
6
7
8
9
10
11
12
13
14
15
40
30
20
10
100
90
80
70
60
50
40
30
20
10

Zeitfracht Medien GmbH
Ferdinand-Jühlke-Straße 7
99095 Erfurt, Deutschland
produktsicherheit@kolibri360.de